Leonard Wibberley

Hilfe – wohin mit dem Geld?

Ein heiterer Roman

Albert Müller Verlag
Rüschlikon-Zürich · Stuttgart · Wien

Aus dem Amerikanischen übersetzt von Marlène Schwörer. – Titel des amerikanischen Originals: The Mouse on Wall Street», erschienen bei William Morrow and Company, Inc., New York. Copyright © 1969 by Leonard Wibberley. – Deutsche Ausgabe: © Albert Müller Verlag, AG, Rüschlikon-Zürich, 1972. – Nachdruck, auch einzelner Teile, verboten. Alle Nebenrechte vom Verlag vorbehalten, insbesondere die Filmrechte, das Abdrucksrecht für Zeitungen und Zeitschriften, das Recht zur Gestaltung und Verbreitung von gekürzten Ausgaben und Lizenzausgaben, Hörspielen, Funk- und Fernsehsendungen sowie das Recht zur photo- und klangmechanischen Wiedergabe durch jedes bekannte, aber auch durch heute noch unbekannte Verfahren. – ISBN 3 275 00489 1. – Printed in Switzerland. 1/4–72.

I

Die Welt war wie immer etwas durcheinander. Allerdings herrschte keine ungewöhnliche Krise an den politischen und militärischen Fronten in Europa und Asien. Die Friedensverhandlungen zwischen den Vereinigten Staaten und Nordafghanistan traten in ihr drittes Jahr, und beide Parteien gaben der Hoffnung Ausdruck, daß man über den Ort der Verhandlungen nun bald eine Verständigung erzielen würde, so daß anschließend die Traktandenliste für die Gespräche festgelegt werden könnte.

In den Vereinigten Staaten hatte es unter den polnisch-amerikanischen Studentengruppen Unruhen gegeben, wonach die Universität von Chicago geschlossen werden mußte. Gruppen russisch-amerikanischer Studenten behaupteten daraufhin, die Polen seien einzig und allein daran interessiert, die russische Nation in Verruf zu bringen. Chinesisch-amerikanische Studenten hatten vier Bibliotheken in Brand gesteckt, um dagegen zu protestieren, daß der Beitrag, den chinesische Arbeiter bei der Erstellung der ersten transkontinentalen Eisenbahnlinie in den USA geleistet hatten, in amerikanischen Büchern vollständig ignoriert werde.

Die Taxifahrer von Mailand streikten aus Protest dagegen, daß der Deutsche Karl Schmidt in einer Vorstellung der Scala die Titelrolle im Othello übernehmen sollte.

In Osteuropa sorgte die sowjetrussische Armee mit Hilfe von Panzern dafür, daß die Freiheit erhalten blieb.

Aber Routinekrisen dieser Art störten den Grafen von

Mountjoy nicht, als er an diesem frühen Morgen in seinem Arbeitszimmer im Schloß des Herzogtums Grand Fenwick saß. Aristokratisch, sowohl dem Aussehen als auch dem Namen nach, schien der weißhaarige Ministerpräsident des Landes kaum einen Tag älter als damals vor vierzehn Jahren, als er sich der Q-Bombe bemächtigte und so die Welt vor atomarer Zerstörung rettete. Seit jener Zeit ruht die Bombe auf einem strohgepolsterten Sockel im Verlies des Schlosses.

Was den Grafen jedoch störte, war die Unzulänglichkeit des Briefträgers, der die Auslandspost ins Herzogtum bringen mußte. Briefe für das Herzogtum, das mit seinem Erbfeind Frankreich eine gemeinsame Grenze von einigen hundert Metern aufwies, wurden von einem französischen Busfahrer gebracht. Er hieß Salat und neigte etwas zur Übellaunigkeit. Wenn er nach dem Lesen der Morgenzeitung das Gefühl hatte, seine Heimat sei beleidigt oder übervorteilt worden, dann rächte er Frankreichs nationale Ehre, indem er den Postverkehr nach Grand Fenwick einstellte. Die abgehende Post lag oft zwei bis drei Tage im Briefkasten an der Grenze des Herzogtums, bis der Busfahrer sich soweit besänftigt hatte, daß er sie wieder mitnahm. Während dieser Zeit weigerte er sich natürlich auch, Briefe vom Ausland nach Grand Fenwick zu bringen. Manchmal befanden sich darunter Briefe mit offiziellem Inhalt, solche zum Beispiel, die an den Grafen von Mountjoy oder an die Herrscherin des Herzogtums, Ihre Gnaden Gloriana XII., gerichtet waren.

Der Graf hatte sich in dieser Angelegenheit schon mehrmals an das französische Außenministerium gewandt, war aber mit den gleichen höflichen und inhaltlosen Phrasen abgespeist worden, die er selbst zu verwenden pflegte.

An diesem Septembermorgen war die Welt also mit

ihren gewöhnlichen Problemen beschäftigt – den Streiks und der militärischen Bedrohung, den schwankenden Zahlungsbilanzen und dem Goldpreis. Der Graf von Mountjoy wartete ungeduldig darauf, ob Salat ihm wohl sein Exemplar der Londoner *Times* zustellen würde oder ob er beschlossen hatte, Grand Fenwick für einen oder zwei Tage zu boykottieren.

Es war jedoch ein strahlender Morgen. Das klare, melodiöse Zwitschern der Vögel ertönte aus dem nahen Walde von Grand Fenwick, und die Felder und Weingärten wurden von der Herbstsonne so schön vergoldet, daß Mountjoy nicht länger verärgert bleiben konnte. Von der Straße unterhalb des Schlosses drang das dumpfe Geräusch eisenbeschlagener Karrenräder zu ihm herauf, und das Trampeln schwerer Hufe auf der Zugbrücke deutete an, daß weitere Wagen in den Schloßhof fuhren. Sie waren mit den kleinen schwarzen Trauben beladen, aus welchen der Wein gepreßt wird, den die Kenner in aller Welt so hoch schätzen – den Pinot Grand Fenwick. Die Traubenernte war ausgezeichnet gewesen. Die Beeren waren klein und fest, mit hohem Zuckergehalt. Zwar ergab die Ernte nicht mehr als fünftausend Flaschen, die aber auf dem Weltmarkt Höchstpreise erzielen würden. Die Schafschur war ebenfalls ausgezeichnet gewesen, und wie der Wein, so brachte auch die Schafwolle dem Land hohe Gewinne. Die Vliese der Bergschafe ergaben eine elfenbeinfarbige Wolle, die, in den eiskalten Bächen des Herzogtums sorgfältig gewaschen, bei den Spinnereien in England sehr begehrt war.

Wein und Wolle bestritten das Einkommen des Landes, das nur acht Kilometer lang und knapp fünf Kilometer breit war und fünftausend Einwohner zählte. Diese Nation – einer der kleinsten unabhängigen Staaten der Welt – war in mancher Beziehung einmalig, nicht zuletzt, weil sie in den letzten fünfhundert Jahren ein vollkommen ausgewogenes Budget aufwies und eine absolut stabile Währung hatte. Grand Fenwick kannte die Lohn-Preis-Spirale nicht, Inflation und Deflation waren in diesem Land unbekannt. Finanzen und Handel, Export und Import hielten einander die Waage, und zusammen mit dem Schweizer Franken galt das Grand Fenwick-Pfund als die gesündeste Währung der Welt.

Seit der Gründung des Staates im Jahre 1475 durch Sir Roger Fenwick, einem Ritter alter Prägung, hatte es in der Geschichte von Grand Fenwick nur ein einziges Jahr gegeben, in welchem fremde Hilfe zum Ausgleich des Budgets und zur Ernährung der Bevölkerung in Anspruch genommen werden mußte. Es war dies das Jahr 1954 gewesen, und zur Lösung des verzwickten Problems hatte Grand Fenwick den Vereinigten Staaten von Amerika den Krieg erklärt. Das Herzogtum hatte gesiegt und nach den Bedingungen des Friedensvertrages das Recht erhalten, seinen Wein in den Vereinigten Staaten zoll- und steuerfrei zu verkaufen sowie dort einen Kaugummi herzustellen und zu vertreiben, der den einzigartigen Geschmack des berühmten Pinot Grand Fenwick hatte. Die Herstellungs- und Verkaufsrechte des Pinot-Kaugummis waren einem amerikanischen Hersteller unter der Bedingung vertraglich übergeben worden, daß auf den Gewinn Tantiemen ausgeschüttet und fünfundvierzig Prozent des Stammkapitals der Herstellerfirma von Grand Fenwick kontrolliert würden. Es gab keinen Gewinn und auch keine Tantiemen, aber vermißt wurden sie nicht. Das Herzogtum brauchte kein größeres Einkommen als das, welches durch Wein und Wolle erzielt werden konnte.

«Gott hat uns immer in seine besondere Obhut genommen», schmunzelte der Graf, während er durch das Fenster die liebliche Landschaft betrachtete. «Die Welt achtet uns, wir stellen keine territorialen Ansprüche an unsere Nachbarn, wir respektieren die Rechte anderer, ernähren uns von unserer Hände Arbeit und den Früchten unseres Landes. Niemand ist uns feindlich gesinnt, und wir sind guten Willens gegen alle.» Seine Augen wanderten zu der Stelle, wo die weiße, kurvige Landstraße in der Kluft von Pinot seinen Blicken entschwand, und er setzte hinzu: «Außer natürlich den verdammten Franzosen.»

In diesem Augenblick sah er jemanden auf einem Fahrrad den Weg zum Schloß heraufkommen. Von der Höhe seines Arbeitszimmers gesehen, schien die Figur dort unten kaum größer als ein Käfer, doch der Graf wußte, daß es sich um Will Creman, den Grenzwächter, handelte. Will, inzwischen von seinem Wachdienst abgelöst, würde ihm hoffentlich die Morgenpost und die *Times* bringen, die diesmal nicht älter als drei Tage sein sollte.

Will schien sich zu beeilen, er überholte einen traubenbeladenen Wagen. Mountjoy war gewiß der einzige Staatsmann der Welt, der aus der Geschwindigkeit eines Mannes auf einem Fahrrad herauslesen konnte, ob eine Krise bevorstand. Will hielt, entgegen seiner Gewohnheit, nicht einmal an, als ihm der Fuhrmann mit der Peitsche zuwinkte. Er raste an einer Gänseherde vorbei, die am Wegrand Gras und Löwenzahn zupfte, und rollte mit einem Endspurt über die Zugbrücke in den Schloßhof.

«Wahrscheinlich ein Luftpostbrief», sagte Mountjoy. «Das bedeutet also einen Brief aus Amerika, sonst benützt niemand Luftpost.»

Und so war es auch. Als Will höchstpersönlich an der Tür des Arbeitszimmers stand, hielt er einen Luftpostbrief aus Amerika in der Hand.

«Aus New York», sagte Will in einem Ton, als meldete er: «Von der Venus», oder: «Vom Saturn.» Und er fügte hinzu: «Vor nur vier Tagen war er noch in Amerika, und jetzt ist er hier in Grand Fenwick. Man wird ganz aufgeregt, wenn man nur daran denkt.»

«Möchten Sie nach New York gehen?» fragte der Graf.

«An Michaeli werden es fünfzehn Jahre her sein, seit ich dort war», sagte Will. «Damals, als wir die Stadt eroberten. Traf dort ein Mädchen namens Rosie. Sah sie nur drei Minuten. Echte Amerikanerin. Komisch, wie man sich an solche Dinge erinnert. Könnte ich die Briefmarke haben?»

«Sammeln Sie?» fragte der Graf.

Will errötete. «Nein, Exzellenz», sagte er. «Es ist nur wegen Rosie. Gibt mir das Gefühl... na ja... als ob ich ihr ein wenig näher wäre. Verstehen Sie? Es ist ein Stück von ihrem Land.»

«Ja», antwortete Mountjoy, «ja, ich verstehe.» Und sorgfältig riß er die Briefmarke vom Umschlag und gab sie Will.

Als Will gegangen war, blieb der Graf noch einen Augenblick stehen und starrte auf die geschlossene Tür. Dann seufzte er, riß den Umschlag ganz auf, zog den Brief heraus und warf gewohnheitsmäßig den Umschlag auf den Boden. Sein Blick fiel auf den Briefkopf «Bickster and Company, of Pacific Grove, New Jersey». Irgendwie schien ihm der Name bekannt, aber er wußte nicht mehr, wo er ihn gehört hatte. Er wandte sich dem Inhalt des Briefes zu:

Dem ehrenwerten Grafen von Mountjoy,
Ministerpräsident Ihrer Gnaden Gloriana XII.
Im Schloß,
Grand Fenwick.

Verehrter Graf,
wir freuen uns, Ihnen mitteilen zu dürfen, daß der Verkauf unseres Produktes in diesem Jahr zum erstenmal wesentlich erhöht werden konnte. Wir verdanken diesen Umstand der Tatsache, daß sich die Lebensgewohnheiten der Verbraucher gewandelt haben. Wir möchten aber nicht verfehlen, darauf hinzuweisen, daß wir es verstanden haben, uns geschickt der veränderten Lage anzupassen.

Als er so weit gelesen hatte, senkte der Graf mit einer Grimasse den Brief. «Lebensgewohnheiten der Verbraucher», wiederholte er laut. «Was zum Kuckuck meinen sie mit diesem Ausdruck? Wie gräßlich, Menschen als ‹Verbraucher› zu bezeichnen, als wären sie Boa Constrictors, die alles verschlingen, was man ihnen vorsetzt.» Nachdem er seinen Gefühlen auf diese Weise Luft gemacht hatte, fuhr er fort zu lesen:

Sicher ist Ihnen bekannt, daß vom Medizinischen Institut der Vereinigten Staaten kürzlich ein Bericht veröffentlicht wurde, aus dem hervorgeht, daß Zigarettenrauch und Lungenkrebs, Blasenkrebs und Verhärtung der Nieren in engem Zusammenhang stehen und...

«Verdammt», sagte der Graf von Mountjoy. «Wie bringen es die Amerikaner nur immer fertig, über anatomische Einzelheiten so zu reden, daß sie widerwärtig klingen. ‹Blasenkrebs.› Mir ist es gelungen, über ein dreiviertel Jahrhundert zu leben, ohne auch nur an das Vorhandensein meiner Blase denken zu müssen. Diese verflixten Leute sind in ihre Eingeweide vernarrt.»

Er warf den Brief auf den Boden, so daß er mit der Schrift nach unten liegen blieb, schritt zum Klingelzug, versetzte dem Brief im Vorübergehen einen Tritt und gab dem eintretenden Diener den Auftrag, frischen Tee, Toast und Marmelade zu bringen. Durch den Fußtritt hatte sich der Brief gedreht, und dem Grafen schien es, als starre ihn eine Zeile, der ein Dollarzeichen vorgesetzt war, an. Er beachtete es nicht – sicher sammelte man Beiträge für die amerikanische Antiraucherkampagne. Erst als er bei Tee und Toast weiter über den Namen der Gesellschaft grübelte, erinnerte er sich, daß Bickster and Company die Leute waren, die in den Vereinigten Staaten den Pinot Grand Fenwick-Kaugummi herstellen und verkaufen durften. Jahrelang war ihnen das gelungen, ohne daß sie dabei jemanden im Herzogtum belästigt hatten – was konnten sie nur wollen?

Er hob den Brief wieder auf, übersprang zwei Abschnitte, die sich eingehend mit der Umstellung der Amerikaner von Rauch- auf Kaugenuß befaßten, und ging zum letzten Absatz über:

Im vergangenen Jahr ergab der Verkauf von Pinot Fenwick-Kaugummi in den Vereinigten Staaten – nach Abzug für Herstellung, Verteilerkosten und Werbeetat sowie Rücklegung einer Reserve für erweiterte Werbung und Zahlung von Staats- und Bundessteuern – einen Gewinn von $ 2 500 000. Nach den Vereinbarungen, die mit Ihnen getroffen wurden, erhalten Sie hiervon vierzig Prozent, das heißt, laut Artikel 14, Absatz a, werden Ihnen $ 1 000 000 ausgezahlt. Wir haben das Vergnügen, Ihnen diesen Betrag über Lloyd's Bank in London...

Der Graf las nicht weiter. Die Hand, die den Brief hielt, zitterte leicht. Ein Stück Toast, auf das Marmelade gehäuft war, blieb auf halber Höhe vor seinem Mund stehen, denn als der Graf erfaßt hatte, von welcher Bedeutung diese Nachricht war, schien es ihm unmöglich, die Toastscheibe in den Mund zu schieben.

«Eine Million Dollar!» rief er. «Eine Million Dollar! Das ist eine Unverschämtheit. Eine grenzenlose Unverschämtheit. Diese Schufte wollen unseren wohlausgewogenen Staatshaushalt ruinieren!»

2

Graf Mountjoy hatte die Gewohnheit, während einer Krise eine Woche lang nichts zu unternehmen, die Lage lediglich zu überdenken und vorsichtig andere über ihre Meinung in der Angelegenheit auszuhorchen.

«Die Zeit», so hatte sein Vater oft gesagt, «löst die meisten Probleme. Wenn du dir die Weltgeschichte ansiehst, wirst du finden, daß die meisten großen Katastrophen durch voreilige Entschlüsse entstanden. Und außerdem wird dir niemand etwas vorwerfen können, wenn du einen Brief erst nach drei Wochen beantwortest. Gott brauchte schließlich auch sieben Tage, um die Welt zu erschaffen. Während dieser Wartezeit wirst du häufig bemerken, daß die Angelegenheit nicht mehr so dringend ist und du letzten Endes gar nichts zu unternehmen brauchst.»

Der Graf hatte diesen Rat immer sehr zutreffend gefunden. Da er nun vor dem Problem stand, eine Million Dollar in amerikanischer Währung dem Staatsschatz von Grand Fenwick zuführen zu müssen, ohne ein Projekt zu haben, für welches das Geld vergeudet werden konnte, begann Mountjoy herumzuhorchen. Es mußte doch eine Möglichkeit geben, das Geld loszuwerden, ohne es erst der nationalen Wirtschaft einzuverleiben und damit den Ruin Grand Fenwicks herbeizuführen.

Zunächst befragte er die Herzogin Gloriana XII. («die lieblichste Herrscherin, die Europa je sah», nach den Worten des Grafen), ob sie nicht die Schloßgemächer vollkommen renoviert und üppigst ausgestattet sehen wolle.

Sie sagte nein.

«Wir haben gerade einen Dreijahres-Plan zur Renovierung durchgeführt, Bobo», meinte sie. «Wenn ich in nächster Zeit noch einen Farbtopf, eine Leiter oder eine Teppichrolle sehe, dann schreie ich. Warum tun Sie so geheimnisvoll?» fragte sie und schaute ihn forschend an. Sie schätzte die Ehrbarkeit des Grafen, kannte ihn aber gut genug, um zu wissen, daß er nie ohne geheime Pläne war.

«Euer Gnaden», erwiderte Mountjoy, «es ist nichts, das ich vor Ihnen verbergen müßte.»

«Aber Sie wollen im Moment nicht darüber sprechen?»

«Genau das, Euer Gnaden», sagte Mountjoy. «Es gibt Zeiten, wo es die Pflicht eines Dieners ist, zu schweigen. Dieser Augenblick ist jetzt gekommen. Später, wenn die Zeit dafür reif ist, werde ich den letzten Bruchteil eines Gedankens offen vor Ihnen ausbreiten, und ich werde Ihnen nach bestem Wissen meine Meinung dazu abgeben.»

«Es hat etwas mit Geld zu tun, nicht wahr, Bobo?» fragte Gloriana.

«Euer Gnaden, es ist weit mehr als nur Geld damit verbunden, so viel kann ich Ihnen jetzt schon sagen. Ich bitte Sie, mich im Augenblick nicht weiter zu befragen.»

Gloriana nickte. Sie konnte sich nicht entsinnen, dem Grafen jemals eine Bitte abgeschlagen zu haben. Durch seine überaus höfliche Redeweise gelang es ihm immer, sie davon zu überzeugen, daß alles, was er verlangte, nur ihrem Vorteil diente. Sie wandte sich daher einem anderen Thema zu.

«Ich glaube», sagte sie, «die Traubenernte wird die beste seit zwanzig Jahren sein. Könnten wir vielleicht einen kleinen Steuernachlaß im Januar ankündigen? Ich finde, wir müssen unserem Volk etwas mehr Geld lassen, damit es seine Lebensbedingungen verbessern kann. Zur Zeit nehmen wir zwölf Prozent des Einkommens als Steuern ein, das scheint mir viel zuviel.»

«Wir haben die niedrigsten Steuersätze in der ganzen westlichen Welt», entgegnete Mountjoy.

«Und dennoch sind sie zu hoch.»

Mountjoy versprach, darüber nachzudenken, aber er war gegen Steuernachlässe, denn die derzeitige Besteuerung schien ihm gerade richtig, jede Inflation im Herzogtum zu vermeiden.

Nachdem Gloriana sich als Ausgabenquelle nicht eignete, wandte sich Mountjoy Tully Bascomb zu. Er war Erbgroßmarschall des Herzogtums, unter anderem auch Hauptforstmeister und Gemahl Ihrer Gnaden. Als Gemahl war seine politische Stellung gleich Null, aber zwei seiner Ämter entsprachen etwa dem Amt eines Innenministers und dem eines Kriegsministers.

Grand Fenwicks Naturschätze waren Anteile an drei Bergen und der Wald von Grand Fenwick, der nur fünfhundert Morgen umfaßte – von einem «Forst» konnte also nicht ganz die Rede sein. Jedoch waren alle Grand Fenwicker sehr stolz auf diese fünfhundert Morgen bewaldete Fläche, und der Posten eines Hauptforstmeisters galt als äußerst respektabel. Ausgaben für den Forst von Fenwick wurden niemals abgelehnt, denn zwischen dem Volk des Herzogtums und dem Forst bestand eine so tiefe Verbundenheit, als lebte die Seele des Landes nicht im Schloß, sondern im Wald.

Pierce Bascomb, Tullys Vater, ein sehr gelehrter Mann, hatte einmal behauptet, daß sich in diesem Gefühl des Volkes etwas ausdrückte, das der heidnischen Anbetung von Bäumen sehr nahe käme. Eine Erscheinung übrigens, die noch in vielen Teilen der Welt anzutreffen sei, so beispielsweise in Wales, wo die große Eiche von Carnarvon mit allen erdenklichen Mitteln mitten in der Stadt am Leben erhalten werde (denn wenn die Eiche falle, gehe auch Wales unter). Auch die frühen amerikanischen Revolutionäre sollen eine Tanne in ihrer Flagge gehabt haben.

Der ältere Bascomb also, bebrillt, groß und hager, hatte zwei Bücher über Vögel verfaßt, welche ihm große Anerkennung bei den Ornithologen der ganzen Welt eingebracht hatten. Sein Werk über die Zugvögel von Grand Fenwick war weit verbreitet, und das andere über die Singvögel von Fenwick wurde als eines der besten Bücher seiner Art betrachtet, die in Europa publiziert worden waren.

Sein Sohn Tully hatte des Vaters Neigung zur Gelehrsamkeit geerbt. Er hatte sich speziell in das Gebiet der Aufzucht und Pflege von Bäumen vertieft. Ein vor der Königlichen Gesellschaft für Forstwirtschaft in London gehaltener Vortrag «Krankheiten der Ulme und Bodenbakterien» verschaffte ihm Achtung in wissenschaftlichen Kreisen. Er glich äußerlich sehr seinem Vater, war groß, jedoch muskulös, zurückhaltend und schweigsam. Er war öfter gereist als alle seine Zeitgenossen in Grand Fenwick, ein scharfsinniger Beobachter politischer Ereignisse und so ein geschickter Berater seiner Gemahlin, ohne jedoch je in ihrem Namen eine Entscheidung zu treffen.

Der Graf ging also zu Tully, den er in einer kleinen Hütte im Wald fand, die ihm als Büro diente. Mountjoy erklärte, daß er sich zur Zeit mit den Plänen für das Budget des kommenden Jahres befasse und daß er die Möglichkeit sehe, größere Beträge für die Bedürfnisse des Waldes einzusetzen. Er unterließ es nicht, darauf hinzuweisen, daß Wolle und Wein überdurchschnittliche Erträge erbracht hätten, vermied aber sorgfältig, den unerwünschten Kaugummi-Gewinn zu erwähnen.

Doch auch Tully enttäuschte ihn.

Um den Wald sei alles bestens bestellt, war seine Antwort. Das Gleichgewicht zwischen Vogelbestand, Insekten und Pflanzen war genau so, wie man es sich wünschen konnte. Die Gesundheit der Bäume erforderte weder Düngemittel noch Insektenvertilgungsmittel. Insgesamt würde der Forst wohl im nächsten Jahr nicht mehr als zweitausend Pfund aus der Staatskasse brauchen. Ein Betrag, der in amerikanische Dollars umgerechnet nicht mehr als sechstausend war.

«Auch in den kommenden Jahren werden keine größeren Ausgaben für den Forst notwendig werden», sagte Tully. «Sollte das Budget einen Überschuß aufweisen, dann könnten wir doch die Steuern senken. Viele unserer jungen Leute können aus Geldmangel nicht an ausländischen Universitäten studieren. Wenn wir die Steuern senken, die ihre Eltern zu bezahlen haben, wird die ganze Nation davon profitieren, indem der Bildungsstand unseres Volkes gehoben wird.»

«Eine Steuerermäßigung und eine Erhöhung des Bildungsstandes sind nicht immer nur nützlich», entgegnete der Graf gereizt. «Ich darf Sie daran erinnern, daß sich sehr wenige Leute mit Universitätsausbildung der Landwirtschaft widmen. Unser Land aber ist auf Bauern angewiesen. Ich wage nicht daran zu denken, was mit den Schafen und Weinbergen geschehen würde, wenn die Söhne solcher Familien wie der Clemens, Whittakers und Asgoods ein Staatsexamen in Philosophie oder Atomphysik machten. In einer städtischen Gesellschaft ist höheres Wissen bestimmt von großer Bedeutung und auch von Vorteil für alle. Für eine Nation, die ausschließlich auf ihre Landwirtschaft angewiesen ist, kann sich Bildung jedoch verheerend auswirken.»

Danach ging der Graf, um weiter nach einer Möglichkeit zu suchen, wie das Herzogtum von dem unerwünschten Geldsegen befreit werden könnte. Er hatte noch eine letzte Hoffnung. Sollte sie sich ebenfalls nicht erfüllen, mußte er die Herzogin Gloriana bei einer Tagung des Staatsrates nicht nur über den Geldsegen informieren, sondern auch darüber, daß er erfolglos versucht hatte, sich des Überflusses zu entledigen.

Seine letzte Hoffnung nun war Dr. Kokintz, der Physiker, der Mann, der das Element Quadium entdeckt hatte und daher mit Recht «Vater der Q-Bombe» genannt wurde. Kokintz war gebürtiger Grand Fenwicker, der in seiner Jugend in die Vereinigten Staaten gekommen war und dort während der Invasion durch Grand Fenwick gefangengenommen wurde. Er war freiwillig als Hüter der Q-Bombe im Herzogtum geblieben, wo er ungestört seine Versuche weiterbetreiben konnte. Diese Versuche waren nicht gerade billig. Mountjoy nahm recht zuversichtlich an, daß sich Kokintz die Million Dollar nicht entgehen lassen würde.

Dr. Kokintz bewohnte im Jerusalem-Turm des Schlosses zwei geräumige und luftige Appartements. Mit Pierce Bascomb verband ihn die tiefe Bewunderung für die Vogelwelt; in einem seiner Räume standen an sonnigem Platz mehrere Käfige mit seltenen Vögeln, die liebevoll von ihm gepflegt wurden. Er hielt sich Finken, Goldfinken, Kanarienvögel und kleine schwarz-weiße javanische Reisvögel.

Kokintz gehörte nicht zu den modernen eingleisigen Wissenschaftlern, die mit dem Nobelpreis liebäugeln oder zumindest durch ein fachwissenschaftliches Lehrbuch Geld verdienen wollen. Ihn trieben Wißbegier und der Wunsch, Neues zu entdecken. Vor allem aber war er Mathematiker und in dieser Eigenschaft Verfasser eines Büchleins, dem der

Verlag den Titel «Mathematik für esoterische Kurven» gegeben hatte. Der Erzbischof von Canterbury hatte sich des Buches angenommen in der Hoffnung, daß nun endlich ein mathematischer Beweis für die Existenz des Paradieses erbracht werden könne. Er blieb jedoch bei seinen Studien bereits auf Seite zwei stecken und gab das Werk weiter an den Vatikan. Dieser beschloß nach sorgfältiger Prüfung, das Buch, obwohl es keine Ketzereien enthalte, nicht freizugeben, da es von niemandem verstanden werden könne. Im übrigen sei es in einem Jahrhundert wieder zu prüfen.

Ferner interessierte sich Kokintz sehr für das DNS-Molekül-Modell. Er hatte den Kindern des Herzogtums nach und nach ihre Murmeln abgebettelt und damit zu seinem Vergnügen die DNS-Doppelhelix gebaut; er war dabei allerdings auf einige Variationen gestoßen, die den Nobelpreisträgern Crick, Watson und Wilkins entgangen waren. Leider war das Modell unvollendet geblieben, weil den Kindern die Murmeln ausgegangen waren.

«Guten Abend», eröffnete der Graf das Gespräch, als er bei Dr. Kokintz eintrat. Er entfernte ein Regal mit Reagenzgläsern von einem bequemen Ledersessel und setzte sich. Kokintz, hinter einem Berg von Papieren, nahm keine Notiz von ihm. Mountjoy schnüffelte und meinte: «Die Luft ist etwas stickig hier drin. Wie wäre es, wenn wir Ihnen eine Klimaanlage einbauten? Genau genommen, könnten wir eigentlich das ganze Schloß mit einer Klimaanlage versehen. Was meinen Sie dazu? Wenn die Amerikaner fähig sind, ihre Riesenhotels zu klimatisieren, sollte das in unserem Schloß ohne größere Probleme auch möglich sein.»

«Warum machen wir nicht einfach ein Fenster auf», schlug Kokintz vor und blinzelte dabei über seine dicken, randlosen Brillengläser. «Jenes Fenster dort drüben.» Er nickte mit dem Kopf in Richtung Fenster. «Aber seien Sie bitte vorsichtig mit dem Destillierapparat.»

«Was machen Sie denn damit?» erkundigte sich Mountjoy, während er zum Fenster ging. «Brennen Sie Ihren eigenen Gin?»

Kokintz gab keine Antwort. Er war sich bewußt, daß Mountjoy jede Art von Wissenschaft als verdächtig empfand – unter der Würde eines Gentleman, über dem Fassungsvermögen eines Bauern. Nach Meinung des Grafen war durch die Wissenschaft eine dritte Gesellschaftsklasse – neben Herren und Bauern – entstanden, die gelehrt, humorlos und gefährlich war. Er legte zwar an Kokintz nicht so strenge Maßstäbe, doch bedeutete die Klasse der Wissenschaftler in seinen Augen eine Gefahr für die Welt, nicht zuletzt deshalb, weil sie sich unaufhörlich mit Dingen befaßten, die man viel besser in Ruhe ließe.

«Entschuldigen Sie bitte noch einen Augenblick», bat Kokintz, «ich bin gerade an einem wichtigen kleinen Punkt meiner Berechnung, und wenn ich jetzt einen Fehler mache, kann ich wieder von vorn beginnen.»

«Lassen Sie sich Zeit», antwortete Mountjoy. «Wenn es Sie nicht stört, sehe ich mich inzwischen ein wenig um.» Er erhob sich und begann das Labor zu inspizieren. Er entdeckte Vakuumglocken, kleine Schränke mit Waagen und eine Menge Gestelle mit Gläsern jeder Größe und Form. In Kokintz' DNS-Modell erkannte er sofort einen modernen Christbaum, und gleich daneben fand er ein vertrocknetes Butterbrot auf einem Schreibblock, auf dem kabbalistische Zeichen und die Worte «Neon», «Argon» und «Spuren» geschrieben waren. Während er zu seinem Sessel zurückging, kalkulierte er, was es wohl kosten würde, das Labor und die anderen Räume des Gelehrten völlig zu renovieren und mit neuen Geräten auszustatten. Der Gedanke, daß hunderttausend Dollar sicher nicht zu hoch angeschlagen waren, erfreute ihn. Er war sogar geneigt, der Wissenschaft dankbar zu sein, daß sie sich zumindest dazu eignete, als Abfalleimer für überflüssiges Geld zu dienen.

«B-moll, Cis und dann D», murmelte Kokintz. «Das harmonische Moll. Natürlich.» Er griff in die Tasche seiner alten Wollweste, zog einen Gegenstand hervor, der das Aussehen einer Spielzeugflöte hatte, und blies drei Töne darauf. «Hören Sie», meinte er strahlend, «genau wie es sein muß.»

«Was ist, wie es sein muß?» erkundigte sich Mountjoy.

«Mein kleines musikalisches Experiment», erwiderte Kokintz. «Sie wissen doch, daß Musik im Grunde Mathematik ist?»

«Ich weiß gar nichts Derartiges», brummte Mountjoy. «Für mich bedeutet Musik eine Form der Verständigung, die über allen Sprachen steht, allen Menschen gemeinsam gehört und sogar eine beruhigende Wirkung auf widerspenstige Gemüter hat. Wenn Sie der Überzeugung sind, daß all dies Mathematik ist, so sparen Sie sich jede weitere Erläuterung. Ich höre mir nicht an, daß Mozarts Zauberflöte nichts als eine mathematische Formel sei.»

«O nein, aber Mathematik ist die Grundlage. Die Kunst beruht auf einer mathematischen Grundlage – so und so viele Schwingungen pro Sekunde, so und so viele Schläge pro Takt. Die Vögel haben den Takt bisher noch nicht entdeckt. Wenn sie ihn einmal entdecken, werden sie herrliche Musikanten sein, denn der Rhythmus ist es, der Musik so anziehend macht.»

«Wahrscheinlich», sagte der Graf trocken. «Aber ich bin gekommen, um über andere Sachen mit Ihnen zu sprechen.»

«Ach, Sie haben Probleme?» erkundigte sich Kokintz, während er seine Oompaul-Pfeife aufnahm und in der Jackentasche nach Tabak kramte.

«Man könnte es so nennen, doch, ja.»

Kokintz wartete. Mountjoy – überlegend, wie er am besten zum Thema käme – wünschte, er wüßte mehr von der Arbeit des großen Physikers. So aber sah er sich gezwungen, mit Gemeinplätzen zu beginnen.

«Es gibt Zeiten, mein lieber Kokintz», begann er, «da habe ich schwere Gewissensbisse, was Sie und Ihre Arbeit anbelangt. Ich stelle mir vor, daß die Nachwelt eines Tages das Herzogtum und damit mich dafür verantwortlich machen wird, was Sie an Forschungsarbeit während Ihrer Lebenszeit hier vollenden. Man wird uns vielleicht vorwerfen, daß wir, wenn auch unbewußt, Ihrer Arbeit Grenzen setzten. Das wäre ein Schandfleck in unserer Geschichte.»

«Ich werde das Land nicht verlassen», meinte Kokintz mißtrauisch. «Ich habe das gleiche Recht, hier zu leben, wie Sie. Abgesehen davon, muß ich hierbleiben, um darüber zu wachen, daß die Quadium-Bombe nicht in falsche Hände gerät.»

«Mein lieber Freund», unterbrach ihn Mountjoy, «Sie mißverstehen mich. Niemand im Herzogtum wünscht, daß Sie uns verlassen. Im Gegenteil, jedermann wäre entsetzt, wenn Sie dies täten. Nein, nein. Ich spreche ausschließlich von den Grenzen, die wir Ihnen mangels finanzieller Mittel zwangsweise setzen müssen.» Er begleitete seine Worte mit Gesten, die den ganzen Raum umschlossen.

«Ich verstehe leider nur sehr wenig von Wissenschaft», fuhr Mountjoy fort, «doch habe ich den Eindruck, daß Ihre gesamte Ausrüstung veraltet ist. Was Sie brauchen, ist ein vollständig neues Laboratorium mit einem Elektronenmikroskop, oder wie diese Dinger genannt werden, mit Wolkenkammern, Zyklotronen und so weiter, kurz, mit all dem, was Sie zur Durchführung Ihrer Arbeiten benötigen. Während Sie vorhin mit Ihrem kleinen musikalischen Experiment, wie Sie es nannten, beschäftigt waren, kam mir der Gedanke, ob Sie sich wohl mit bedeutsameren Problemen befassen würden, wenn Sie die nötigen Mittel dazu hätten. Auch fiel mir eine ganze Anzahl von Zetteln mit wissenschaftlichen Aufzeichnungen auf, die einfach herumlagen. Vielleicht wäre es wichtig, sie in irgendeiner Art zu speichern – zum Beispiel in einer Datenbank, für kommende Generationen?»

Kokintz zog es vor, zu schweigen. Er kannte diese Ausbrüche von Großzügigkeit; sie waren nicht ungewöhnlich. Sie erfolgten meist «spontan» vor Wahlen, und nachher kamen ebenso großzügige Sparmaßnahmen. Aber von einer Datenbank war noch nie die Rede gewesen. Kokintz brauchte solcherlei auch nicht. Alles, was ihm wichtig schien, kritzelte er auf ein Stück Papier. Sicher, es dauerte manchmal einen oder zwei Tage, bis er die richtige Notiz wiedergefunden hatte. Aber beim Überfliegen aller anderen Zettel erhielt er eine Unmenge Anregungen. Übrigens liebte er diese Arbeitsmethode.

«Man verfügt heute über ausgezeichnete Datenbanken», fuhr der Graf fort. «Sie werden mit Informationen jeder Art aus aller Welt gespeist und geben die gespeicherten Angaben jederzeit und wo immer erforderlich wieder. Wissenschaftler können die Arbeit und Fortschritte ihrer Kollegen verfolgen. Doppelspurigkeiten werden vermieden. Die Einsparung an Arbeit und Zeit ist enorm.»

Kokintz schüttelte den Kopf. «Sie haben vollständig falsche Ansichten über Wissenschaftler», meinte er. «Neunzig Prozent von ihnen sind nur hervorragende Handwerker, die äußerst wichtige Kleinarbeit für die Forschung verrichten. Sie züchten zum Beispiel Generation um Generation von Bakterien in kleinen Schalen. Mit Entdeckungen aber sind im besten Fall eine Handvoll Gelehrter auf jedem Gebiet beschäftigt. Sie können versichert sein, daß diese unter sich in sehr enger Verbindung stehen. Ich erhalte Briefe von Intohaji aus Japan und von Bujorn aus Finnland; beide berichten mir ausführlich und offen über ihre Arbeiten und Experimente.»

«Welches Gebiet bearbeiten die beiden?» fragte Mountjoy.

«Das ist schwer zu erklären», seufzte Kokintz. «Während Ihrer Schulzeit haben Sie sicher öfter die chemische Formel gehört, wonach Salzsäure und Natronlauge zusammen Salz und Wasser ergeben.»

Mountjoy erinnerte sich seines Chemielehrers, dem immer ein kleiner schaumiger Tupfen Spucke im Mundwinkel gehangen hatte. An diesen weißen Tupfen erinnerte er sich viel genauer als an die Reaktionen von sauren und alkalischen Substanzen oder gar die Grundsätze der Chemie der Kohlenwasserstoffe.

«Ja», antwortete Mountjoy mutig, «ich erinnere mich. Sie stecken Lackmuspapier in irgend etwas hinein, und dann wird es blau.»

Kokintz schüttelte resigniert den Kopf. «Ja, man steckt Lackmuspapier hinein, und etwas wird blau. Nein, es geht um andere Fragen. Sie wissen so gut wie ich, daß sich gewisse Elemente gegenseitig anziehen. Ebenso ist es bekannt, daß die meisten Metalle eine Art Hunger nach Sauerstoff haben, was dazu führt, daß Eisen rostet und Messing und Kupfer grünlich anlaufen; Messing etwas weniger als Kupfer, denn es enthält Zinn, welches weniger stark auf Sauerstoff reagiert als Kupfer. Die grundlegende

Frage aber ist, warum die Elemente Hunger nach Sauerstoff haben. Warum ziehen sich manche Atome an, während sich andere vehement abstoßen? Gewiß, wir wissen schon sehr viel über Atome und Atomkerne oder über die Kräfte, die zwischen Protonen, Neutronen und Elektronen wirksam werden. Doch ich frage mich, ob nicht...»

Der Rest der gelehrten Bemerkungen war für den Grafen nur noch Geräuschkulisse. Wie schon bei früheren Gelegenheiten, fragte er sich auch jetzt, ob Kokintz wohl ganz normal sei. Er ging nicht so weit, die allgemeine Meinung zu teilen, daß alle Wissenschaftler mehr oder weniger verrückt seien, was schon ihre häufige Geistesabwesenheit beweise. Immerhin, auch Kokintz nahm nur zu oft keine Notiz von dem, was um ihn herum vorging. Viele Wissenschaftler, die Mountjoy kannte, waren gar nicht verrückt, etwa die Engländer Priestley und Rutherford. Pasteur und Lavoisier waren sicher ebenfalls hervorragende Gelehrte, obschon sie, weil Franzosen, doch etwas angeschlagen schienen.

Er erinnerte sich, bei Kokintz schon Anzeichen einer geistigen Labilität bemerkt zu haben. Wenn man so bedachte: Vögel, Trillerpfeifen, Mathematik und das Innere von Atomen – das war doch wohl eine merkwürdige Mischung. Und der Mann konnte wie ein Wasserfall über so gewöhnliche und anerkannte Tatsachen wie das Rosten von Metallen reden. Der Graf mußte seine Ungeduld schon sehr zügeln.

«Nun», meinte er ein wenig sarkastisch, «ich will Sie nicht unnötig aufhalten, aber ich bin der Meinung, Sie sollten sich ernsthaft überlegen, ob wir nicht ein vollständig neues Laboratorium für Sie einrichten sollten. Und vielleicht einige Elektronenmikroskope in verschiedenen Größen. Und ein Computer wäre bestimmt auch brauchbar. Soviel ich weiß, werden Computer heute nach individuellen Wünschen gebaut. Sie brauchten sich also nicht mit einem Lagermodell zu begnügen.»

Kokintz schüttelte den Kopf. «Nein», sagte er, «ich kann mich immer an Cal Tech oder MIT wenden, die mir jedes Problem lösen. Ein Computer in Grand Fenwick – das wäre lächerlich!»

Mountjoy hatte bemerkt, daß der große Stein, der kürzlich aus der Schloßmauer entfernt worden war, hier auf einem Stück Pappe lag. «Wozu dient denn das?» fragte er und zeigte auf den Stein.

«Oh, ich benutze ihn, um Blätter und Blüten zu pressen.»

«Wir könnten Ihnen eine für diesen Zweck geeignete Presse bestellen», schlug Mountjoy vor.

«Das ist nicht nötig. Die Mauer ist zwei Meter dick. Sie wurde so stark erbaut, um den Kanonenkugeln zu widerstehen. Heute gibt es keine Kanonenkugeln mehr, und der fehlende Stein schwächt die Mauer in keiner Weise.»

«Aber es muß doch irgend etwas geben, das Ihnen fehlt, das Sie gebrauchen könnten. Wir würden es Ihnen gern bestellen!»

Kokintz überlegte ernsthaft.

«Doch, ich wäre sehr froh, wenn Sie mir zehn Schachteln Murmeln besorgten...»

Mountjoy verschwand, ohne den Rest des Satzes abzuwarten, aus dem Labor.

3

«Geld», sagte der Graf von Mountjoy, «ist nicht die Wurzel allen Übels, wie der Volksmund sagt. Im Gegenteil, es ist der großartige und verbindende Ausdruck nationalen und internationalen Vertrauens und widerlegt die Argumente der Zyniker vollkommen, die behaupten, Friede und Wohlstand seien unmöglich, weil der Mensch von Natur aus mißtrauisch und feindselig sei und Ränke schmiede.»

«Wir müssen die Steuern abschaffen und dem arbeitenden Menschen zum erstenmal in der Geschichte unseres Landes eine volle Lohntüte lassen», sagte David Bentner, Führer der Arbeiterpartei. Die Partei stand in politischer Opposition zu Mountjoy.

Mountjoy ignorierte ihn. In dieser kritischen Sitzung des Staatsrates wollte er mit dem starrköpfigen und engstirnigen Bentner nicht über Politik streiten.

«Daraus geht hervor», fuhr Mountjoy fort, «daß jeder, der den Geldwert zerstört, zugleich den kostbarsten Besitz der Menschen vernichtet: das Vertrauen. Er zerstört die Grundlagen des Handels, der Sicherheit, der Regierung – kurz, der ganzen Zivilisation.»

«Eine volle Lohntüte und das Ende eines Steuersystems, das nur dem Reichtum weiteren Nutzen bringt», sagte Bentner verbissen. «Das ist mein Standpunkt, und dabei bleibe ich.»

«Sie wünschen also die Zerstörung des Geldwertes», sagte Mountjoy, «und damit das Ende allen Vertrauens.

Und dieses Ende bedeutet, daß weder Regierung noch Zivilisation möglich sind und wir wieder bei der Barbarei anlangen.»

«Das Geld gehört der arbeitenden Klasse», erwiderte Bentner, der sich von Mountjoys hochgestochenen Phrasen nicht ablenken ließ. «Sie muß es direkt bekommen, erstens durch einen Steuererlaß und dann durch einen Weihnachtsbonus von – sagen wir – fünfhundert Schilling pro Familie im ganzen Herzogtum. Im Frühjahr finden die Wahlen statt», setzte er nachdrücklich hinzu.

«Herr Bentner», sagte der Graf nun streng, «ich werde Ihnen eine Frage stellen, die Ihnen klarmacht, was Sie jetzt noch nicht begreifen.» Damit holte er aus der Innentasche seiner Jacke eine schmale, vergoldete Brieftasche und entnahm ihr eine Grand Fenwick Zehn-Schilling-Note.

«Nun», sagte er und hielt die Banknote hoch, damit Bentner und die übrigen Mitglieder des Staatsrates sie sehen konnten. «Was ist das?»

«Eine Zehn-Schilling-Note», sagte Bentner.

«Ihr Wert?» fragte der Graf.

«Zehn Schilling», antwortete Bentner.

«Und warum ist sie zehn Schilling wert?»

«Das ist doch klar. Der Wert ist aufgedruckt.»

«Ausgezeichnet», sagte Mountjoy. «Was auf dem Papier gedruckt ist, entspricht dem Wert der Note?»

«Genau», sagte Bentner.

«Wer sagt das?» fragte der Graf.

«Die Regierung natürlich», sagte Bentner. «Ihre Gnaden» – er neigte den Kopf in Richtung Gloriana – «es sind ihre Banknoten. Zumindest ist ihr Bild darauf. Sie sagt, daß sie zehn Schilling wert sind, und das genügt mir.»

«Mit anderen Worten, Sie alle hier akzeptieren ein Stück bedruckten Papiers als Wert von zehn Schilling. Es ist dies ein Ausdruck Ihres Vertrauens. Ihr Vertrauen gibt dem Papier den Wert – Vertrauen allein.»

«Das bezahlt einem Landarbeiter die Miete für eine Woche, nicht mehr», stieß Bentner verdrossen hervor, «für zehn Pence gibt's nur einen halben Liter Milch und sie wird noch teurer», fügte er hinzu.

«Nehmen wir an», sagte Mountjoy, «daß ich sechs Millionen Zehn-Schilling-Noten ins Land pumpe und sie unter allen Familien des Herzogtums verteile. Das ergäbe» – er kritzelte Zahlen auf ein Stück Papier – «ungefähr sechstausend Zehn-Schilling-Noten für jeden Haushalt in Grand Fenwick. Glauben Sie, daß dann ein Landarbeiter immer noch für zehn Schilling die Woche sein Häuschen mieten könnte?»

«Warum nicht?» erwiderte Bentner etwas unsicher.

«Sie unterschätzen sich selbst», sagte Mountjoy sarkastisch. «Ich bin sicher, Sie werden einsehen, daß kein Hausherr für einen so niedrigen Betrag vermietet, wenn es so viele Zehn-Schilling-Noten gibt wie jetzt Pennys. Er wird zwanzig, dreißig oder vierzig Schilling verlangen.»

«Und was ist so schlimm daran?» fragte Bentner. «Wenn alle viel Geld haben, spielt es doch keine Rolle.»

«Und was geschieht mit dem Lohn eines Mannes, der, sagen wir, vierzig Schilling in der Woche verdient?»

«Er muß eben mehr bekommen», sagte Bentner. «Und ich und meine Partei werden dafür sorgen, daß er es bekommt», fügte er aggressiv hinzu.

«Aha», erwiderte Mountjoy. «Und was geschieht, wenn das, was der Mann herstellt – Wein oder Wolle – beim Verkauf ins Ausland weniger wert ist als der Lohn, den er bekommt. Was dann?»

Bentner öffnete zwar einige Male den Mund, um zu antworten, fiel aber dann in betroffenes Schweigen, als er merkte, daß der Graf ihm wieder einmal eine Falle gestellt hatte.

«Das bekannte Sprichwort sollte abgeändert werden in ‹Der Mißbrauch von Geld ist die Wurzel allen Übels›», dozierte der Graf von Mountjoy. «Geld wird mißbraucht, wenn es in solchen Mengen unter die Leute kommt, daß es seinen Wert verliert. Wenn Produktion und Geld in ein unglaubwürdiges Verhältnis zueinander kommen, verliert das Volk das Vertrauen in die Währung. Und wie gesagt, wenn das Vertrauen dahin ist, gewinnt wirtschaftliche Anarchie die Oberhand.»

«Hören Sie», hob Bentner an, der sich von seinem Rückschlag zu erholen begann, «niemand verlangt, daß wir derartige Geldmengen an die Familien des Landes verteilen. Ich habe doch nur vorgeschlagen, daß wir während einiger Jahre die Steuern erlassen sollen. Volle Lohntüten, das ist alles.»

«Herr Bentner», sagte Mountjoy, «es liegt mir fern, Ihnen bezüglich der kommenden Wahlen einen Rat zu erteilen, da wir politisch entgegengesetzte Meinungen vertreten. Aber wie wollen Sie die Wähler für Ihr Parteiprogramm interessieren, wenn sie jetzt schon keine Steuern mehr bezahlen müssen?»

Bentner verfiel erneut in Schweigen.

Mountjoy wandte sich an Gloriana. «Eigentlich wollte ich dieses Problem nicht vor den Rat Eurer Gnaden bringen, ohne einen Vorschlag zu machen. Es ist nicht die Aufgabe meines Amtes, Probleme zu schaffen, für die ich keine Lösung anbieten kann. Ich bedaure, nur eine Teillösung gefunden zu haben, obschon ich alle klassischen Methoden studiert habe, nach welchen andere Nationen überflüssiges Geld losgeworden sind.»

«Sie meinen, wir sind also nicht das erste Land in der Geschichte, das zuviel Geld hat?» fragte Gloriana.

«Aber gewiß nicht, Euer Gnaden. In den Vereinigten Staaten von Amerika ist das Problem seit Ende des Zweiten Weltkrieges akut. Moderne, demokratische Länder haben Schwierigkeiten, wogegen die alten Monarchien mit Geld immer gut fertig wurden. Die aufwendige Hofhaltung im zaristischen Rußland und im royalistischen Frankreich verbrauchte überschüssiges – oder gar nicht vorhandenes – Geld aus der Staatskasse, ohne das Steuersystem dabei zu ruinieren. Leider ist diese Aufgabe in den demokratischen Ländern nicht so einfach zu bewältigen, denn da gibt es keine auserwählten Gruppen, in deren Hände man Geld leiten könnte, ohne Bank und Handel zu gefährden.»

«Was tun dann die Amerikaner mit ihrem überschüssigen Geld?» fragte Gloriana interessiert.

«Erst sammeln sie es als Steuergelder für die Staatskasse», erklärte Mountjoy. «Was die Steuergesetze anbelangt, sind sie die geschickteste Nation der Welt. Eine Nation, die aus einem Aufstand gegen hohe Steuern entstand, entwickelte sich zu einem Machiavelli der Steuerpolitik. Das Geld – man rechnet mit Milliarden Dollar im Monat – kann nicht vom Staate selbst im eigenen Land ausgegeben werden. Die Regierung steht also diesbezüglich am gleichen Punkt wie wir: sie muß sich einer riesigen Summe entledigen, ohne Geld in die eigene Wirtschaft zu stecken.»

Mountjoy holte Atem, dann fuhr er fort: «Immerhin ist ihre Lage weniger heikel als die unsrige. Eine Nation dieser Macht und mit solchem Prestige in der Welt kann eine hübsche Summe in die verschiedenen Auslandhilfsprogramme stecken, die manches verbessern werden und andere Völker den Vereinigten Staaten gegenüber freundlicher stimmen. Letzteres ist zwar nicht bewiesen, aber eines ist sicher: riesige Summen sind auf diese Weise zum

Verschwinden gebracht worden, ohne das finanzielle Gleichgewicht des Staates zu stören.»

«Moment», sagte Tully Bascomb. «Wenn diese Geldspenden in Form von Dollarkrediten ins Ausland gehen, dann müßten die Dollars doch bestimmt eines Tages den Weg zurück in die Vereinigten Staaten finden.»

«Das stimmt. Aber enorme Beträge versickern spurlos. Außerdem vergeht eine ziemlich lange Zeitspanne zwischen der Auszahlung und der Rückgabe. Es kommt also nur langsam zurück, und unterdessen kann sich die Lage der Wirtschaft im Lande bereits verändert haben.»

«Mit anderen Worten, höhere Steuern?» sagte Bentner.

«Meist ist es so», bestätigte Mountjoy.

«Könnten wir vielleicht ein Hilfsprogramm für das Ausland aufstellen?» fragte Gloriana. «Wie wäre es mit den Iren? Seit Jahrhunderten hat niemand etwas für sie getan. Warum geben wir ihnen nicht einfach eine Million Dollar mit unseren besten Wünschen – zu Weihnachten?»

«Da sollten wir uns lieber nicht einmischen», meinte Mountjoy. «Eine solche Spende würde aussehen, als gäbe es ein Bündnis zwischen der Republik Irland und dem Herzogtum Grand Fenwick. Das wiederum könnten die sechs Grafschaften Nordirlands als störend empfinden, da sie immer noch Wilhelm von Oranien die Treue halten.»

«Wilhelm von Oranien?» rief Gloriana. «Der ist seit dem frühen achtzehnten Jahrhundert tot!»

«Gewiß», sagte Mountjoy, «aber im britischen Irland herrscht er noch. Nein, ich glaube nicht, daß wir ein Hilfsprogramm für das Ausland aufstellen können. Alle erwachsenden Vorteile könnten durch internationale Verstrickungen zunichte gemacht werden. Wir als vollkommen neutrale Nation können uns das nicht erlauben.»

«Was machen die Amerikaner noch?» fragte Gloriana.

«Sie bedienen sich der Methode der Verlangsamung. Sagen wir, sie nehmen in einem Steuerjahr zweihundert Milliarden Dollar ein, geben einhundert davon als Entwicklungshilfe oder durch Kriege im Ausland aus und verlassen sich darauf, daß es eine ganze Weile dauern wird, bis dieses Geld zurücktröpfelt. Daneben werden große staatliche Projekte aufgezogen. Im Augenblick haben die Vereinigten Staaten den größten Verwaltungsapparat, den man kennt. Nirgends werden mehr Menschen zu höheren Löhnen mit weniger Arbeit belastet. Der Bürger murrt zwar, aber er ahnt ja nicht, wie sehr ihm diese Einrichtung zugute kommt, denn als zuverlässiger Ausgabenfaktor ist der Staatsdienst unübertroffen, er saugt Milliarden auf und gibt sie nur tropfenweise der Wirtschaft zurück. Wer nach Sparsamkeit in der Regierung ruft, beschwört in Wirklichkeit eine Landeskatastrophe herauf – nur sehen das die wenigsten ein. Ein amerikanischer Präsident oder Kongreß, der das Budget um die Hälfte kürzen würde, gäbe das Land einer Inflationsspirale preis. Außerdem bedienen sich die Amerikaner noch einer Waffe, die uns leider versagt bleibt, die aber das wirksamste Instrument des Kapitalismus ist. Man steigert das Angebot an Waren. Täglich gelangen mehr und mehr neue Dinge auf den Markt, und das Kaufbedürfnis wird angekurbelt. So bleibt das richtige Verhältnis zwischen Produktion und Geld gewahrt. In unserm Fall sind aber sowohl die Auswahl als auch die Menge der Produkte beschränkt. Nun hat sich aber unser nationales Einkommen durch diesen widerlichen Kaugummi-Gewinn erhöht. Verteilen wir das Geld unter die Einwohner von Grand Fenwick, wird alles teurer, und der Wert unseres Pfundes wird fallen.»

«Sie erwähnten, daß Sie eine Teillösung gefunden haben», sagte Gloriana. «Wie meinten Sie das?»

«Ich stelle mir vor, daß wir die Steuern von zwölf auf acht Prozent senken und das entstehende Defizit mit den amerikanischen Einnahmen ausgleichen. Dann können wir darauf bestehen, daß Dr. Kokintz zweihunderttausend Dollar für die Einrichtungen seines Laboratoriums verwendet, ob er die Geräte nun braucht oder nicht. Wenn wir sehr teure wissenschaftliche Apparate in Amerika bestellen (geschieht ihnen ganz recht, wenn sie auf diese Art das Geld wiederbekommen) und sie auf dem normalen Seeweg unversichert schicken lassen, bestehen gute Aussichten, daß die Geräte so beschädigt sein werden, daß Dr. Kokintz sich gar nicht mehr damit herumplagen muß. Er will sie ja sowieso nicht. Außerdem könnten wir das ganze Schloß klimatisieren. Aber ich muß leider gestehen, daß ich selbst nach eingehender Prüfung der Lage immer noch etwa sechshunderttausend Dollar übrigbehalte, mit denen ich nichts anzufangen weiß.»

Er schwieg eine Weile und fuhr dann mit ernster Miene fort: «Ich muß Euer Gnaden warnen, daß dies nur der Anfang künftiger Schwierigkeiten sein wird, die unter Umständen unsere absolute Unabhängigkeit und Neutralität, welche wir uns sechshundert Jahre lang erhalten haben, zerstören könnten. In diesem Jahr haben wir eine Million Gewinn, im nächsten Jahr sind es vielleicht zwei Millionen und das Jahr darauf eventuell sogar fünf. Was wir dann tun sollen, daran mag ich gar nicht denken.»

«Wir müssen die Kaugummifabrik und alle unsere Rechte an der Herstellung des Gummis abstoßen», sagte Tully. «Das liegt auf der Hand, und wir sollten sofort mit den Vorbereitungen beginnen.»

«Wir könnten doch einfach die Fabrik schließen. Haben wir nicht das Recht dazu?» fragte Gloriana.

Mountjoy schüttelte den Kopf. «Wir können weder die

Rechte abgeben noch den Betrieb schließen», erwiderte er. «Der Vertrag wurde für fünfundzwanzig Jahre abgeschlossen, wovon noch zehn verbleiben. Um die Investitionen der amerikanischen Lizenznehmer zu sichern, wurde der Kontrakt unter diesen Bedingungen unterschrieben.»

«Welcher Dummkopf hat uns denn das eingebrockt?» fragte Bentner, der Mountjoys Vorträge nicht ausstehen konnte.

«Das Einbrocken – wie Sie es ausdrücken – wurde vom amerikanischen Staatssekretär und Ihrer Gnaden, der Herzogin Gloriana XII., sowie von mir als Ratgeber besorgt. Der Senat der Vereinigten Staaten und unser eigener Bürgerrat haben den Vertrag gutgeheißen.» Er wandte sich an Bentner und sagte sanft: «Eine ganze Menge Dummköpfe, wie Sie sehen.»

Bentner überhörte den Einwurf geflissentlich. «Ein internationaler Vertrag verpflichtet uns also, diesen Kaugummi in den Vereinigten Staaten herzustellen und zu verkaufen?»

«So ist es», sagte Mountjoy. «Diese Bedingungen waren Bestandteil des Friedensvertrages zwischen uns und den Amerikanern. Derartige Absprachen sind durchaus üblich.» Zur Herzogin gewandt, fuhr er fort: «Der Friedensvertrag mit Österreich nach Ende des Zweiten Weltkrieges befaßte sich mit der Auswahl des Personals für Polizei und Feuerwehr in Triest.»

«Vielleicht übersehen wir die einfachste Lösung», sagte Tully. «Warum lassen wir das Geld nicht einfach in den Vereinigten Staaten auf einer Bank oder legen es in Obligationen an? Man kann uns doch nicht zwingen, Dollars herzubringen und Grand Fenwick damit zu überfluten.»

«Wir können eine solche Lösung niemals geheimhalten», sagte Mountjoy. «Das Geld würde sich gewaltig vermehren, und über kurz oder lang müßte das Volk erfahren, daß die Regierung die Schätze des Midas hütet. Die Forderung unseres Volkes, an diesem Reichtum teilzuhaben, könnte dann nicht mehr abgelehnt werden. Wir wären ruiniert.»

«Hören Sie», sagte Bentner, «ich glaube das nicht. Ich finde, wir sollten das vorhandene Geld insgesamt für Steuernachlässe verwenden. Wir streichen einfach die Einkommensteuer und alle anderen Arten von Steuern im Land. Warum nicht, da wir doch das Geld haben? Warum sollten die Leute noch Steuern zahlen?» Er hatte auf einem Zettel zu rechnen begonnen, sah auf und sagte: «Mit dem vorhandenen Geld könnten wir drei Jahre lang auf Steuern verzichten. Mit dem Gewinn vom nächsten Jahr könnten wir drei weitere steuerfreie Jahre finanzieren. Wahrscheinlich können wir für alle Zeiten auf Einkommensteuern verzichten. Und das sollten wir tun. Wir benutzen das Geld, um unsere Ausgaben zu decken, und lassen dem Arbeitenden zum erstenmal in seinem Leben eine volle Lohntüte.»

«Ich neige zu Herrn Bentners Lösung», sagte Gloriana.

«Ich auch», sagte Tully. «Laßt uns auf Steuern verzichten.»

«Das wäre ein schwerwiegender Fehler», sagte Mountjoy. «Ich bin der festen Überzeugung, daß ein Volk nur dann an seinem Staatswesen interessiert ist, wenn es mit eigenen Mitteln zu dessen Existenz beitragen muß. Kein Mensch wird sich mehr dafür interessieren, wie das Geld ausgegeben und welche Politik betrieben wird, wenn nicht das eigene Portemonnaie dadurch betroffen wird.»

«Versuchen wir es mit einem Kompromiß», schlug Gloriana vor. «Lassen wir das Volk wissen, daß wir Geld erhalten haben. Es wäre falsch, dies zu verheimlichen. Bei der nächsten Budgetdebatte im Bürgerrat wird Mountjoy vorschlagen, die Steuern ab sofort um fünfzig Prozent herabzusetzen, und er wird eine völlige Abschaffung der Steuern in Aussicht stellen, wenn die künftige finanzielle Lage es erlauben sollte.» Die Abstimmung ergab drei zu eins zugunsten dieser Lösung.

4

Der Bürgerrat von Grand Fenwick war die älteste parlamentarische Einrichtung Europas, nachweislich älter als das berühmte «House of Keys» auf der Insel Man, und war dem britischen Parlament nachgebildet. Das Oberhaus stellte die weltlichen und geistlichen Herren, während im Unterhaus – dem Bürgerrat – gewählte Vertreter des Volkes saßen. Das Oberhaus konnte wohl sein Veto gegen vorgeschlagene Gesetze erheben, aber keine Gesetze erlassen. Auch konnte es nur zweimal gegen einen Gesetzestext opponieren. Wurde ein Gesetz in dritter Lesung vom Bürgerrat angenommen, dann wurde es vom Oberhaus automatisch akzeptiert und zur Unterzeichnung an die Herzogin weitergeleitet, die als konstitutionelle Monarchin sorgfältig umschriebene Machtbefugnisse innehatte.

Nach der Sitzung war die Nachricht von diesem Dollarsegen unters Volk gelangt, und bis zu Mountjoys Budgetrede zirkulierten die verschiedensten Gerüchte, was mit dem herrlichen Überfluß getan werden sollte. Die Höhe der Summe wurde erst niedrig eingeschätzt, dann fast genau getroffen und zum Schluß maßlos übertrieben. Viele sahen sich bereits als Herr kleiner Vermögen und erwarteten etwa zehntausend Dollar pro Familie, was ungefähr dem Einkommen von zehn Arbeitsjahren entsprochen hätte.

Bentner, leider muß es gesagt sein, schürte die Gerüchte. Er wollte die Erwartungen der Bürger hochschrauben, denn er glaubte, daß Mountjoy sich dann gezwungen sähe, den ganzen Betrag den Wählern entweder als Steuererlaß oder in Form einer Gratifikation zukommen zu lassen.

So glaubten denn viele, das Geld sei ein Geschenk der Vereinigten Staaten, und die Fenwicker entdeckten ihre Gefühle für die Amerikaner. Amerikanische Fähnchen erschienen da und dort in den Fenstern, und manche Bürger gingen in ihrer Begeisterung so weit, zu sagen, daß sich die amerikanischen Mariners – nach einer kurzen Ausbildung – sehr wohl Schulter an Schulter mit den wehrhaften Männern Grand Fenwicks auf einem Schlachtfeld zeigen könnten.

Es wurde eifrig diskutiert, wie man das Geld ausgeben könnte. Manche wollten ihre Häuser neu einrichten, andere renovieren oder zwei, drei Zimmer anbauen. Neue Fahrräder (die einzigen Verkehrsmittel außer Pferden, die in Grand Fenwick möglich und erlaubt waren) wurden in Katalogen ausgesucht und bestellt. Bevor noch ein Dollar des wunderbaren Geldes das Land erreichte, jammerte Sid Cromer, der in seiner Schmiede auch eine Fahrradreparaturwerkstatt betrieb, daß er ruiniert sei.

«Keine einzige zerbrochene Speiche und keine kaputte Kette während der ganzen letzten Woche», sagte er zu Bentner und fuhr ihm dabei mit seinem schmutzigen, öligen Zeigefinger vor der Nase herum. «Wer wird noch etwas reparieren lassen, wenn er nun alles neu kaufen kann? Sag mir das einmal!»

«Nimm es leicht, Sid», antwortete Bentner. «Auch du wirst das deinige bekommen. Sind die Fahrräder erst einmal hier, dann wird dein Geschäft in ein paar Monaten besser laufen als je zuvor.»

«Ich bin nicht so sicher», sagte Cromer. «Ich erhielt alle zwei Monate fünf Schilling von Familie Derby fürs Richten von Bremsen und Lenkstangen. Zehn Kinder und zwei

Fahrräder mit verbogenen Rahmen! Verstehst du, es war etwas Regelmäßiges, auf das ich zählen konnte.»

«Nun, bald werden es zehn Kinder und zehn Fahrräder sein», tröstete Bentner. «Sorg dich nicht, die werden immer etwas zum Flicken haben. Gib jedem dieser Derby-Kinder einen Hammer, und sie haben in sechs Monaten halb Europa zertrümmert.»

Cromer ging in seine Werkstatt zurück, blieb eine Weile zwischen den verblaßten Plakaten für Lukas-Scheinwerfer, BSA-Sportlenker und Willhold-Handgriffe sitzen und dachte über das künftige Fahrradgeschäft in Grand Fenwick nach. Dann wusch er seine Hände in einem Becken mit nicht mehr ganz sauberem Petrol und rieb sie an seinem Overall ab. Er ging, um Bob Davis in der Fenwick-Landesbank zu treffen. Die Bank teilte ihre Räumlichkeiten mit einem Süßwarenladen, dessen Besitzerin jedermann als Tante Tettie kannte.

«Was kann ich für dich tun, Sid?» fragte der Bankverwalter.

«Tja», begann Sid, «ich möchte mein ganzes Geld abheben.»

«Warum?» fragte Davis und erblaßte leicht, denn Cromer war einer seiner besten Sparer.

«Ich verstehe nicht viel von Geld», sagte der andere, «aber wenn jeder Fenwicker neue Fahrräder kauft, will ich mein Geld lieber in Ersatzteilen anlegen, statt es hier auf der Bank liegen lassen.»

«Du hast recht», pflichtete ihm Davis bei. «Aber ich kann dir Geld für die Ersatzteile leihen, soviel du nötig hast. Du brauchst dein Kapital nicht anzurühren.»

«Weshalb soll ich Geld leihen, wenn ich selber genug davon habe? Erkläre mir das einmal.»

Bob Davis überlegte kurz, wie er Cromer die Frage richtig beantworten sollte, die ihm schon so oft gestellt worden war. Es war erstaunlich, wie wenig Menschen begriffen, daß man nur Geld leihen kann, wenn man Geld besitzt. Kredite sind von Kapital abhängig, das heißt, man kann mit geliehenem Geld kein Kapital aufbauen. Selbst große amerikanische Unternehmen verstanden diese Zusammenhänge nicht.

«Wenn du dein Kapital dazu verwendest, Fahrradteile zu kaufen, dann hast du dein Geld in bestimmten Werten angelegt, ohne zu wissen, ob du mit Gewinn oder Verlust oder überhaupt verkaufen kannst. Nehmen wir an, die Leute bestellen die Ersatzteile per Post anstatt bei dir – wie stehst du da? Sie müssen zwar ein wenig länger warten, aber erhalten ihre Ware vielleicht noch billiger. Dann sitzt du auf den Ersatzteilen, die dir niemand abkauft. Oder du hast die falschen Teile auf Lager. In jedem Fall riskierst du dein eigenes Geld für spekulative Werte, die sich nicht im Handumdrehen flüssig machen lassen.

Nun, wenn du mit geliehenem Geld arbeitest und etwas passiert – der Markt für Ersatzteile will nicht richtig anrollen –, schuldest du zwar der Bank eine Summe und die Zinsen. Wie dem auch sei, du kannst dir bei der Rückzahlung des Kredits Zeit lassen. In dieser Zeit kannst du dein Warenlager den Verhältnissen anpassen. Bei den Verkaufspreisen mußt du nur darauf achten, daß sie Kosten, Gewinn und die Zinsen für den geliehenen Kredit einschließen. Vergiß nicht – Zeit ist Geld! So viele Dinge werden weit unter ihrem Wert verschleudert, nur weil der Zeitpunkt für einen guten Verkauf noch nicht gekommen ist. Und noch etwas: Wenn du die Lieferungen mit Bankkredit statt mit deinem Geld bezahlst, hast du noch immer dein ganzes Kapital im Hintergrund. Und ich könnte dir mehr Geld ausleihen, als du auf der Bank deponiert hast.

Bankkredite sind höher gedeckt als nur durch das Eigenkapital des Kunden.»

Cromer überdachte alles, während er mit dem Zeigefinger seine Nase rieb und eine schwarze Spur hinterließ.

«Du kannst mir also mehr Geld leihen, als ich auf meinem Konto habe?» fragte er schlau.

«Ja», sagte Davis.

«Und das gilt für andere natürlich auch? Du machst für mich keine besondere Ausnahme?»

«Richtig.»

«Wie kommt es denn, daß du deinen Kunden mehr Geld leihen kannst, als sie auf der Bank haben?» wollte der Mechaniker wissen. «Damit würde doch das ganze Geld der Bank und noch einiges darüber hinaus aufgebraucht werden.»

«Ganz und gar nicht», sagte Davis. «Du mußt dir nicht vorstellen, daß dabei Bargeld von Hand zu Hand geht. Wenn du eintausend Pfund borgst, dann willst du es doch sicher nicht bar auf die Hand haben, oder? Wo willst du es auch sicher aufbewahren? Nein, ich würde deinem Konto diesen Betrag gutschreiben und ...»

«Du wirst also jetzt kein Geld aus dem Tresor holen und dorthin legen, wo meines liegt?» fragte der Mechaniker.

«Natürlich nicht», antwortete Davis und lächelte über diese naive Denkweise. «Ich schreibe deinem Konto nur einen Kredit von eintausend Pfund gut. Diesen Betrag kannst du jederzeit von deinem Konto abheben und ausgeben, aber wahrscheinlich wirst du nicht alles auf einmal ausgeben. Unterdessen bleibt das Geld auf der Bank unangetastet. Mit den Zinsen, die eine Bank von ihren Schuldnern erhält, kann sie selber arbeiten, kann investieren und Gewinne machen.»

«Moment mal!» sagte Cromer, «nehmen wir an, ich

stelle für die Lucas-Gesellschaft in England einen Scheck über zwanzig Pfund aus, weil sie mir Fahrradlampen geliefert hat. Ich bekomme die Lampen – sie bekommen den Scheck. Der Scheck kommt zu euch zurück. Ihr zieht von meinem Guthaben zwanzig Pfund ab und schickt das Geld an die Firma – oder an ihre Bank. Hab' ich recht?»

«Falsch», sagte der Geschäftsführer. «Es geschieht nur folgendes: Dein Konto wird mit den zwanzig Pfund belastet, während der Lucas-Gesellschaft der gleiche Betrag gutgeschrieben wird. Das Bargeld spielt bei dieser Transaktion überhaupt keine Rolle.»

«Es sind also nur Zahlen, die Banken in Büchern eintragen?»

Davis nickte.

Es entstand ein längeres Schweigen, weil Sid Cromer den ganzen kaufmännischen Vorgang erst überdenken mußte, mit dem er jetzt konfrontiert worden war.

«Na schön», sagte er endlich. «Wieviel Geld kann ich borgen?»

«So viel du willst zu sechs Prozent.»

«In Ordnung», sagte Sid. «Leihe mir zweitausend Pfund, fünfhundert davon in bar.»

Die notwendigen Formulare waren bald ausgefüllt und unterschrieben, und Sid wurden fünf Hundert-Pfund-Noten auf die Hand gezählt. Sid dankte Davis und ging. Auf dem Heimweg kehrte er im «Krummen Stock» ein (so genannt nach Grand Fenwicks nationaler Waffe, dem Langbogen), wo er vor dem Kamin in der Gaststube über einem Glas Wein nochmal alles überdachte.

In seinem Laden riß er anschließend alle verblaßten, ölverschmierten Reklameschilder herunter, die sich auf Fahrräder und deren Teile bezogen. Er suchte sich ein Stück Pappe und einen Topf Farbe und beschäftigte sich eine

Zeitlang mit diesem Material. Als er fertig war, hängte er über den Eingang zu seinem Laden ein Schild mit der Aufschrift:

Grand Fenwick Bank- und Fahrradgeschäft
Machen Sie Ihre Anleihen hier

5

Zum zweitenmal in zwanzig Jahren erlitt der Graf von Mountjoy in der Haushaltdebatte eine Niederlage. Schuld daran war das Kaugummigeld, wie es im Volksmund nun hieß. Mountjoys Vorschläge waren vernünftig. Aber Bentner sah eine Gelegenheit, die Regierung zu stürzen, und hatte die Bürgerräte aufgehetzt, den Vorschlag abzulehnen.

Mountjoy hatte vorgeschlagen, die Einkommensteuer auf die Hälfte zu reduzieren und das Defizit mit Kaugummigeldern auszugleichen. Hunderttausend Dollar sollte die komplett neue Laborausstattung für Dr. Kokintz kosten, ob er dies nun wünsche oder nicht. Weitere vierhunderttausend würden in die Klimaanlage des Schlosses von Fenwick gesteckt und der Auftrag an Amerikaner vergeben. Jedem Steuerzahler stände in diesem Jahr ein Weihnachtsgeschenk von fünfundsiebzig Dollar (fünfundzwanzig Pfund) zu. Den Rest des Geldes wollte man an die Columbia Universität von New York senden und dort einen «Studienfond Grand Fenwick» ins Leben rufen.

Mountjoy hatte wenig Hoffnung, daß seine Vorschläge angenommen würden. Das Budget war eine Art «Verzweiflungsakt» und damit das Beste, was er tun konnte.

Wie hätten sich Länder wie England oder Amerika wohl verhalten, wenn ihr Budget plötzlich einen Überschuß von rund sechshundert Prozent aufgewiesen hätte? Welche Nation hätte dem Verlangen widerstehen können, alle Steuern aufzuheben und das Vermögen unter ihren Bürgern zu verteilen?

Nein. Mountjoy erwartete eine Niederlage, aber er mußte seinen Budgetplan so vorlegen, wie er es für richtig hielt. Im Interesse der Nation durfte das Geld nicht in die einheimische Wirtschaft fließen.

Einen Moment lang hatte selbst Bentner dunkel geahnt, warum diese Lösung günstig war. Aber er hatte während seiner politischen Laufbahn seine ganze Anstrengung in den Kampf um höhere Löhne gelegt, und er konnte sich nun dem Bann des Geldhaufens nicht entziehen. Wie Mountjoy treffend darlegte, waren die Ansichten über Geld sehr unterschiedlich, je nachdem, ob man auf der Seite der lediglich Erntenden stand oder ob man zu jenen Leuten gehörte, die ihr Geld durch Arbeit und Handel verdienten. Die ersten werden immer nur mehr verlangen, die andern müssen oft – um den Geldwert zu erhalten – mit weniger zufrieden sein.

Das angebotene Weihnachtsgeschenk – fünfundzwanzig Pfund für jeden – konnte Mountjoys Sturz nicht abwenden. Er hatte sein Budget einem gereizten und zu jeder Kritik bereiten Haus vorlegen müssen. Die Buhrufe, mit denen man seine Ausführungen begrüßte, waren den Traditionen dieses Rates wirklich unwürdig! In den Tagen vor der Bekanntgabe des Budgets war das Volk in Erwartung eines großen Vermögens gestanden. Was der Graf nun anbot, war nach Ansicht der Räte eine reine Beleidigung. Das Resultat bei der Abstimmung war überwältigend: dreiunddreißig Nein gegen sieben Ja. Viele Mitglieder von Mountjoys eigener Partei hatten gegen ihn gestimmt. Mountjoy, ganz im Stich gelassen, sah sich ruhig im überfüllten Ratszimmer um, das mit heller Eiche getäfelt war und Bänke aus Ebenholz enthielt, die noch aus dem ausgehenden sechzehnten Jahrhundert stammten. An den Wänden und über den Köpfen der Delegierten hingen Schlachtenbanner der vornehmsten herzoglichen Ritter. Sie zeigten den doppelköpfigen Adler, dessen einer Schnabel «Aye» sagte und der andere «Nay». Sie erinnerten an große Taten und Mut, an Ehre und Tradition. Sie repräsentierten die Tugenden, die nicht nur in Grand Fenwick, sondern in der ganzen Welt bewahrt werden sollten. Schweren Herzens konstatierte der Graf, daß die Delegierten bei der Abstimmung mehr an sich selbst und wenig an die Nation gedacht hatten und sich überhaupt nicht mehr um Traditionen scherten.

Trotz der Niederlage beharrte Graf Mountjoy auf seinem Standpunkt, was in seiner Schlußrede auch deutlich zum Ausdruck kam.

«Die Regierung nimmt die überwältigende Ablehnung des Haushaltplanes zur Kenntnis. Die Anwesenden können versichert sein, daß ich bei der ersten passenden Gelegenheit Ihrer Gnaden mein Rücktrittsgesuch vorlegen werde, so daß die Vorbereitungen für allgemeine Neuwahlen sofort beginnen können. Ich würde meiner Pflicht jedoch nicht Genüge tun, wenn ich diesen Bürgerrat und das Volk des Herzogtums nicht ernsthaft ermahnte, an Werte zu glauben, die vor das Geld und vor die eigenen Wünsche gestellt werden müssen, wenn eine Nation überleben will. Während der kommenden Wahlen werde ich weiterhin dagegen kämpfen, daß dieses Geld der Wirtschaft des Landes zugeführt wird. Denn ich frage Sie, wer wird noch arbeiten wollen, wenn er seinen Lohn erhält, ohne etwas dafür tun zu müssen?

Ich möchte Sie alle daran erinnern, daß jede Gesellschaft nur durch die Anstrengungen und Arbeit ihrer Mitglieder existieren kann und zerfällt, wenn deren Mitglieder nur nehmen wollen, ohne dafür selber etwas zu geben. Eine junge Nation hatte einst einen berühmten Präsidenten, der während seiner Amtszeit ermordet wurde. Bei seiner Amtseinsetzung sagte er in seiner Rede: ‹Fragt nicht danach, was euer Land für euch tun kann, fragt, was ihr für euer Land tun könnt.› Wir sollten heute in Grand Fenwick an diese Worte denken.»

Mit Verachtung sah er auf die Mitglieder seiner Partei, die ihn nicht unterstützt hatten, und sagte: «Meine Herren, Ihre Anwesenheit auf den Bänken der Opposition erinnert mich an den Vorwurf, den Browning an Wordsworth richtete, und ich nehme mir die Freiheit, das Zitat etwas abzuändern: ‹Für eine Handvoll Silber habt ihr mich verlassen, für einen Dollar in eure Taschen...›»

Schweigend schloß er die scharlachrote Lederschatulle und händigte sie dem Sprecher des Hauses aus. Mit dieser Geste bestätigte er symbolisch den Wunsch nach dem Rücktritt als Regierungschef. Er verließ den Ratssaal, und ihm folgten jene sechs Ratsmitglieder, die ihm bei der Abstimmung die Treue gehalten hatten.

Neuwahlen waren nun unvermeidlich. Wahlen, und das gerade in der ungünstigsten Zeit des Jahres, jetzt, wo in Fenwick die Weinlese bevorstand. Vor den Wahlen erklärte Mountjoy der Herzogin formell seinen Rücktritt. Sie mußte ihn annehmen, obschon sie den Grafen recht gern hatte.

«Bobo, ist es wirklich so ernst?» fragte sie ihn. «Wäre Grand Fenwick tatsächlich gefährdet, wenn das Geld in Umlauf gesetzt würde?»

«Ja, Euer Gnaden», sagte der Graf. «Die Wirkung wäre sofort spürbar, aber sie wäre winzig im Gegensatz zu den Auswirkungen, die die folgenden Millionen zeitigen werden, die ins Land fließen, ohne daß auch nur einer einen Finger dafür rühren muß.»

«Millionen jedes Jahr?» zweifelte die Herzogin.

«Ja, Euer Gnaden», bestätigte der Graf, «Millionen im Jahr. Und das ist bloß der Anfang. Jedes Jahr dürfen wir mehr Profite aus dem Kaugummi erwarten. Unser Volk, das einmal Geld geschenkt erhalten hat und es unbesorgt verschwenden kann, wird nie mehr darauf verzichten, Dollars einzustreichen. Ich sehe die letzten Tage Grand Fenwicks als genügsame, unabhängige Nation auf uns zukommen. Jetzt, da Bentner seinen Willen durchgesetzt hat, werden wir eine Nation von Tunichtguten und Müßiggängern. Der Traum des Arbeiters ist in Erfüllung gegangen: keine Arbeit, viel Geld – und eine dumme Regierung.» Er hielt inne und fuhr dann fast prophetisch fort: «Wir werden eine Art Beatles-Gruppe sein, die sich unter Gitarrenklängen beklagt.»

Dieser Gedanke war dem Grafen so schmerzhaft, daß er, nachdem er die Worte hervorgestoßen hatte, die Augen schloß, um die tiefe Scham, die er empfand, zu verbergen.

«Sie wollen mich wohl veräppeln», sagte die Herzogin, die so erschüttert war, daß sie sich ausnahmsweise einer Redewendung bediente, die ihr sonst nicht geläufig war.

Bentner, der kurz darauf seine Aufwartung machte, sah die Dinge in einem rosigeren Licht. Als Führer der Arbeiterpartei, die Titel ablehnte, brachte er es nie fertig, Gloriana mit «Euer Gnaden» anzureden, sondern sprach sie mit Madame an, was bei ihm als Ma'am herauskam. Gloriana mochte diese Anrede nicht ungern, sie erschien ihr weniger steif. Überhaupt mochte sie den rundlichen, sturen und etwas schwerfälligen Bentner nicht weniger gern als den eleganten, aristokratischen Grafen.

«Nur keine Sorgen, Ma'am», beruhigte Bentner sie, als er von Mountjoys Befürchtungen hörte. «Die Oberschicht hat immer Angst vor dem, was die unteren Klassen tun werden, wenn sie Geld in die Hände bekommen. Man könnte geradezu annehmen, Geld sei Sprengstoff, den man sorgfältig vom Volke fernhalten muß.»

«Wenn Sie die Wahl gewinnen, Bentner, was schlagen Sie betreffs der Verwendung des Geldes vor?»

«Kokintz wird bekommen, was er braucht. Den Rest werden wir unter die Wähler verteilen.»

«Was bedeutet, daß die meisten einen Jahreslohn geschenkt bekommen. Halten Sie das für klug? Wollen die Leute noch arbeiten, wenn sie so viel Geld erhalten?»

«Aber natürlich werden sie arbeiten», erwiderte Bentner. «Sie sind an Arbeit so gewöhnt, wie die Reichen ans Nichtstun. Sie werden arbeiten, Ma'am. Aber sie werden in besseren Häusern leben und bessere Kleider haben. Das meiste Geld werden sie dafür ausgeben. Sie werden sich jetzt Dinge leisten, für die sie sonst zwanzig Jahre gespart hätten.»

«Und was wird im nächsten Jahr geschehen – und im Jahr darauf?» fragte die Herzogin.

«Das wird sich schon finden, Ma'am», sagte Bentner. «Noch haben wir keine Garantie, ob in den nächsten Jahren Geld aus Amerika kommt. Vielleicht fangen die Amerikaner wieder zu rauchen an.» Er hatte plötzlich einen glänzenden Einfall. «Sobald wir eine neue Regierung haben, sollten wir als erstes den amerikanischen Gesundheitsbehörden offiziell zu ihrer mutigen Antirauch-Kampagne gratulieren.»

«Herr Bentner», sagte Gloriana etwas steif, «soviel ich weiß, rauchen Sie selbst.»

«Ein Pfeifchen, Ma'am», sagte Bentner mit unschuldiger Miene. «Ein Pfeifchen kann nicht schaden.»

Für Mountjoy war der Wahlkampf, so intensiv er ihn auch führte, von vornherein aussichtslos. Jedermann war zwar geneigt, seine Warnungen vor den Übeln einer Inflation anzuhören, aber niemand schien zu glauben, daß diese Nachteile ihn selbst treffen könnten. In England, Frankreich, Deutschland, Italien oder den Vereinigten Staaten konnte diese aufgebauschte Krankheit, die man Inflation nannte, wohl um sich greifen, aber in Grand Fenwick war man viel zu vernünftig und beherrscht, um ihr zu erliegen.

Bentner, der Steuerfreiheit und Hunderte in bar versprochen hatte, gewann die Wahlen mit so überwältigender Mehrheit, daß dem Grafen nur noch drei Anhänger im Bürgerrat verblieben. Hätte er nicht sogar Dr. Kokintz in seinen Wahlkampf einbezogen, wäre seine Partei nicht mehr zu retten gewesen. Aber auch die Reden des großen Wissenschaftlers gegen eine Verteilung des Kaugummigeldes konnten nichts mehr an den Tatsachen ändern.

Nach den Wahlen, die Bentner zum Ministerpräsidenten des Herzogtums machten, erwartete Mountjoy ergrimmt die Verhandlungen über den neuen Staatshaushalt und die Konsequenzen, die sich für das Herzogtum daraus ergaben.

Die Wirkungen waren jedoch anders, als er sie erwartete. Das meiste Geld, das unter die Wähler verteilt worden war, ging sofort ins Ausland. Es wurde für Dinge ausgegeben, die das Herzogtum nicht selbst herstellte. In erster Linie natürlich wurden Fahrräder gekauft, aber dann gingen auch Bestellungen für Waschmaschinen, Spülmaschinen und Fernsehapparate hinaus, obschon der Fernsehempfang im gebirgigen Herzogtum miserabel war. Das Geld rieselte den Leuten durch die Finger. Eine Zeitlang wurde das Leben in Grand Fenwick sehr viel spannender und aufregender als je zuvor. Die Hausfrauen besprachen die Vorzüge der verschiedenen Waschmaschinen und übten einen enormen Druck auf die Regierung aus, um bald Elektrizität für das Land zu bekommen, denn das Herzogtum hatte kein Elektrizitätswerk, und Waschmaschinen konnten nicht wie die Fernsehapparate mit Batterien betrieben werden.

Unglücklicherweise hatte Bentner die Resultate des in Umlauf geratenen Geldes zuwenig vorausbedacht. Woher sollte er wissen, daß es gerade die Elektrizität war, die nun fehlte. In der Staatskasse war kein Geld für Ausgaben dieser Art. Aber die Hausfrauen von Grand Fenwick verlangten gebieterisch nach Strom, damit sie die Waschmaschinen, auf die sie so stolz waren, auch benutzen konnten. Der Bürgerrat nahm in aller Eile bei der Landesbank einen Kredit auf, um den Bau eines Kraftwerkes zu beginnen. Die Anleihe mußte – das versteht sich von selbst – mit Steuergeldern wieder zurückgezahlt werden. In der Berechnungsgrundlage war deshalb eine Klausel versteckt, die eine Erhöhung der Einkommensteuer um drei Prozent vorsah.

Nach einigen Wochen zeigten sich allerhand Nebenerscheinungen des Geldsegens. Sie waren einigermaßen überraschend! Als erstes wurden die Einkommensteuern erhöht, um die Kosten für das Kraftwerk zu decken. Die Verschuldung des einzelnen Bürgers nahm zu, denn viele Familienväter wurden von ihren Lieben gezwungen, Bankkredite aufzunehmen. Das einmalige Geldgeschenk hatte nicht ausgereicht, alle Wünsche zu finanzieren. So gingen viele zu Herrn Davis in die Landesbank und erklärten, ein Kreditkonto eröffnen zu wollen.

Sid Cromer, der seinem Fahrradgeschäft ein Kreditinstitut angegliedert hatte, vermochte einige Kunden anzulocken. Für die Summen, die er auslieh, mußte er sich erst das Geld von der Landesbank beschaffen. Er sah sich veranlaßt, höhere Zinssätze zu verlangen als die Bank. Sein guter Ruf als Unternehmer geriet darauf leicht ins Wanken.

Preissteigerung und Verschuldung im Herzogtum gingen Hand in Hand. Hausbesitzer, die monatliche Abzahlungen ihrer Hypotheken leisten mußten, erhöhten die Mietzinse. Bauern, die steigende Pachtzinsen abzugeben hatten, wollten mehr Geld für Gemüse und Milch. Die Arbeiter und Angestellten hatten erhöhte Mietzinse zu berappen und wollten deshalb bessere Gehälter.

Sechs Monate nach dem Sturz der Regierung Mountjoys wurden die ersten Streikgerüchte unter den Landarbeitern laut. Ein kleines Wasserkraftwerk war erbaut worden, und das Volk machte die Feststellung, daß nach dem Bau zudem der Betrieb finanziert werden mußte und der elektrische Strom auch noch etwas kostete. Zu den üblichen monatlichen Zahlungen kamen nun die Stromrechnungen. Um heißes Wasser für die diversen Haushaltmaschinen zu erhalten, waren Heißwasserboiler unerläßlich. Es mußten Wasserleitungen verlegt werden, und der Installateur stellte seinerseits Forderungen. In der Tat zogen nur zwei Personen Profit aus dem wirtschaftlichen Aufschwung des Herzogtums – der Bankverwalter Davis und Sid Cromer, der Fahrradmechaniker.

Sid stellte zwar bald fest, daß ihm sein Bankgeschäft viel Kummer einbrachte, denn seine Schuldner zahlten einfach nicht. Dafür aber blühte sein Fahrradgeschäft. Durch die Reparaturen von Wasch- und Spülmaschinen eröffnete sich ihm ein ganz neuer Geschäftszweig. Trotz seiner Schulden verdiente er bald weit mehr als je zuvor, aber er arbeitete auch weit mehr als jemals in seinem ganzen Leben.

Bis zum folgenden Sommer hatte das Volk von Grand Fenwick einen wesentlich höheren Lebensstandard erreicht. Man hatte jetzt fließendes kaltes und warmes Wasser in jedem Haus, elektrisches Licht, Fernsehen, Waschmaschinen und neue Fahrräder. Am besten kam die Fernsehreklame an, die den Leuten Dinge anbot, die sie nie zuvor gesehen hatten; im Vergleich dazu waren die normalen Programme geradezu langweilig und nutzlos. Während man eifrig Zigaretten paffte, amüsierte man sich über die Sendungen, die sich gegen das Rauchen richteten.

Tatsache war, daß zum erstenmal in der Geschichte des Herzogtums jedermann Geldsorgen hatte. Nur Dr. Kokintz, der sich aus dem Kaugummigeld sechsunddreißig Dutzend bunte Murmeln beschafft hatte, blieb unbeirrt. Er arbeitete glücklich an seinen seltsamen Modellen aus Stäben und Kugeln, schmauchte seine Oompaul-Pfeife, plauderte mit den Vögeln und reparierte bereitwillig schadhafte Fernsehapparate, wenn man ihn darum bat. Was er auch über die Finanzkrise denken mochte – er ließ nichts davon verlauten.

Mountjoy blieb, wie Achilles, in seinem Zelt. Aber ein wesentlicher Unterschied bestand: er lächelte, während sich die Schwierigkeiten im Herzogtum häuften.

6

In Grand Fenwick wurden Steuerrechnungen jeweils im Frühsommer verschickt und bildeten den bittern Tropfen in der süßen Vorfreude auf die Ferien – wie das in andern Ländern ja auch der Fall ist. Bevor der Kaugummigewinn eingetroffen war, mußten nur die selbständig Erwerbenden ihre Steuern im voraus entrichten. Nun wurden die Steuern für jedermann erhoben, der vom Kaugummigeld seinen Teil erhalten hatte, und die Leute stellten erbost fest, daß auch das einmalige Geldgeschenk besteuert würde. Niemand hatte Geld für diesen Zweck zurückgelegt. Ein einziger Wutschrei ertönte durchs Land, denn man erinnerte sich an Bentners Wahlversprechen, alle Steuern aufzuheben. Einmütig erklärten die Leute, der Teufel solle sie holen, wenn sie auch nur einen Penny an Steuern für ein Geschenk abgäben. Es war umsonst, daß Bentner klarzumachen versuchte, die Einschätzung des Geldes als Einkommen oder Geschenk hinge davon ab, ob die Regierung Geld nötig hatte oder nicht. Wenn eine Regierung Mittel brauchte, so würde selbst das Leben nicht als Geschenk, sondern als Einkommen taxiert. Aber das Volk wollte von diesen Argumenten nichts hören. Es wollte nicht bezahlen, und die Abgeordneten im Bürgerrat hatten dafür zu sorgen, daß das Kaugummigeld für immer steuerfrei blieb.

Bentner versuchte, die Leute zur Vernunft zu bringen. In einer Versammlung der Wähler und Steuerzahler sagte er offen heraus: «Ob Sie es mögen oder nicht, die Anleihe, welche die Regierung zur Errichtung des Kraftwerkes aufgenommen hat, muß zurückerstattet werden, und das Geld dafür kann nicht aus der Luft kommen. Sie, die Steuerzahler, werden es aufbringen müssen. Trösten Sie sich damit, daß wahrscheinlich Ende des Jahres ein doppelt so hoher Betrag aus Amerika zur Verfügung stehen wird.»

Diese Erklärung hätte er besser nicht abgeben sollen, denn in Wahrheit lagen keinerlei solche Informationen vor. Aber die Versuchung, vor seinen Wählern in einem günstigen Licht zu erscheinen, war für ihn zu groß. Die Erklärung war abgegeben, und der Jubel, den sie auslöste, erschreckte selbst Bentner ein wenig. Mountjoy war völlig bestürzt.

Als die Begeisterung abgeklungen war, blieb immer noch die Frage offen, ob das bereits erhaltene Geschenk nun versteuert werden sollte oder nicht.

Jack Derby, der Vater der berüchtigten wilden Derby-Kinder, kam darauf zurück. Nicht nur war ihm kein Penny geblieben, er hatte auch Schulden, unbezahlte Steuern, zehn kaputte Fahrräder, vier Fernsehapparate, von denen nur einer noch sporadisch funktionierte, und eine Menge Haushaltsmaschinen, die seine Kinder in ihrem Feuereifer unbrauchbar gemacht hatten.

«Wenn wir doppelt soviel Geld aus Amerika bekommen wie im vergangenen Jahr», hob er an, «dann könnte die Regierung doch die fälligen Steuern von diesem Geld zurückbehalten, bevor sie es an uns verteilt. Nach meiner Meinung ist es doch sinnlos, uns Geld zu geben, um es anschließend wieder zurückzuverlangen.»

Viele schlossen sich seiner Ansicht an, und Bentner mußte versprechen, den Vorschlag zu prüfen. Langsam dämmerte dem Premierminister, daß die Regierung in ernsthafte Geldschwierigkeiten geraten war. Die Unkosten der Verwaltung waren hauptsächlich durch den Bau des neuen Kraftwerks und die damit verbundenen Ausgaben für Angestellte gestiegen. Die Einnahmen dagegen sanken, denn viele Bürger hatten in ihrem Einkaufswahn ganz vergessen, die laufenden Rechnungen zu zahlen.

Bentner mußte sich eingestehen, daß Geldprobleme ihn durcheinanderbrachten! Zu seiner Verwirrung trug auch das unschuldige Gesicht Mountjoys nicht wenig bei, der seine Befriedigung über die Lage der Dinge kaum verbergen konnte.

«In der Tat, das Jahrhundert des kleinen Mannes», sagte der Graf und benutzte damit einen Lieblingsausdruck Bentners. «Geld in aller Hände, ein Huhn in jedem Topf und keine einzige Seele im Herzogtum, die nicht von Schulden gedrückt wäre, die Regierung eingeschlossen. Mein lieber Bentner, verstehen Sie nun, daß es besser ist, das Geldausgeben der Klasse zu überlassen, die seit Generationen darin geübt ist?»

«Man kann nicht erwarten, daß Leute, die seit Jahrhunderten kein Geld in die Hand bekommen durften, plötzlich damit umgehen können. Im nächsten Jahr wird alles anders aussehen», entgegnete Bentner. «Sie werden an meine Worte denken.»

Inzwischen aber mußte etwas geschehen, damit Geld in die Staatskasse floß, so daß die erhöhten Ausgaben der Regierung gedeckt werden konnten.

Als erstes mußte mit der Bank eine Absprache getroffen werden, um die Rückzahlung der Kraftwerk-Kredite weiter hinauszuschieben. Bentner hatte die Aufgabe, zu sondieren, ob eine weitere Anleihe im Hinblick auf die zu erwartenden Steuereingänge und die nächsten Kaugummigelder bei der Landesbank möglich wäre.

Aber der Verwalter schüttelte den Kopf. «Wir sind überfordert», sagte er. «Nach der Staatsanleihe und den vielen Privatkrediten haben wir keinen Penny mehr zu vergeben. Vielleicht ist es im Ausland eher möglich – bei Banken in Frankreich oder England. Das haben wir einmal versucht. Allerdings müssen Sie mit hohen Zinsen rechnen.»

«Wieviel?» fragte Bentner.

«Ungefähr acht Prozent.»

«Das ist nicht so schlimm. In wenigen Monaten wird wieder Kaugummigeld eingehen», erwiderte Bentner.

«Das Sie wiederum unter die Steuerzahler aufteilen müssen», gab Davis zu bedenken.

«Nachdem wir zunächst die Schulden der Regierung abbezahlt haben.»

«Mir scheint, Herr Bentner», sagte Davis, «daß Sie sich bereits auf der ersten Aufwärtskurve der berühmten Inflations-Spirale befinden. Sie leihen sich Geld, das mehr kostet, als es wert ist. Sie entwerten das Geld, indem Sie es unter das Volk verteilen, das sich nur mehr wenig um seinen eigenen Verdienst kümmert. Ich habe die Bücher überprüft und herausgefunden, daß der einzelne Arbeitnehmer im Durchschnitt drei Jahre benötigen wird, um seine Schulden bei unserer Bank abzutragen. Vorausgesetzt, er nimmt kein neues Geld auf. Als Geschäftsführer einer Bank bin ich selbstverständlich daran interessiert, Geld zu verleihen und mit den Zinsen auf legitime Art Geld zu verdienen. Aber die Verschwendungssucht, die das Volk seit der Verteilung des Kaugummigeldes ergriffen hat, ist wirtschaftlich ungesund. Keine dieser Ausgaben erhöht das nationale Einkommen. Die Ausgaben führen bloß zu einer Entwertung unserer Währung. Es ist meine Überzeugung, die ich auch meinen Vorgesetzten in London mitteilen muß, daß Grand Fenwick in Gefahr schwebt und kurz vor dem finanziellen Zusammenbruch steht.»

«Aber wenn das neue Geld hereinkommt, wird doch alles wieder im Lot sein», brummte Bentner. «Sie werden zugeben müssen, daß wir finanziell durchaus gesund sind, wenn wir zusammengerechnet eine Million Dollar Schulden haben, jedoch zwei Millionen Einnahmen erwarten. Wir haben obendrein eine ganze Million schuldenfreies Kapital.»

«Ich kann nur eines sehen», erwiderte Davis. «Wenn nächstes Jahr eine weitere Dollarmillion zur Verfügung steht und unter die Steuerzahler verteilt wird, so werden die gegenwärtigen Schwierigkeiten nicht nur gleichbleiben, sondern sich vervierfachen.»

«Auch dann, wenn erst die Schulden abbezahlt werden und danach das Geld verteilt wird?» fragte Bentner.

«Auch wenn die Steuern bezahlt werden. Denn dieses Geld steht in keinem Verhältnis zur Arbeit oder zum Ertrag. Es ist geschenktes Geld, das den Wert des verdienten Geldes vermindert. Die erste Warnung haben Sie schon mit der höheren Lohnforderung der Landarbeiter bekommen. Ich darf hinzufügen, daß ich Kredite abgelehnt habe, weil mir als Sicherheit nur die kommende Weinernte und die Wolle angeboten wurden. Früher hätte mir eine solche Sicherheit genügt.»

«Und warum genügt sie jetzt nicht?» fragte Bentner.

«Weil ich keine Garantie habe, daß die Arbeiter zum jetzigen Lohn die Ernte einbringen werden. Wenn aber die Löhne steigen, wird der Gewinn aus der Ernte vermindert, und damit steigt das Risiko, die Kredite nicht mehr zurückzuerhalten. Ich vermute, daß das benötigte Geld nun woanders aufgenommen wird.»

«Sie meinen bei einer Bank im Ausland?»

«Genau das», antwortete Davis. «Da die ausländischen Banken ein größeres Wirkungsfeld haben, ist ihr Risiko kleiner, und sie können manchmal Geld verleihen, wo es mir unmöglich ist. Wenn die Schuldner allerdings nicht termingerecht zurückzahlen, dann könnten diese ausländischen Banken die Hand auf unsere Weinberge legen.»

«Sie meinen, daß Ausländer Besitzer der Weinberge in Grand Fenwick würden?» fragte Bentner entsetzt.

«Genau das», wiederholte Davis. «Was nun die Zahlungen für das Kraftwerk angeht...»

Bentner hörte nicht mehr hin. Er operierte nämlich in dem Durcheinander von Finanzbegriffen erfolgreich mit einem nebulosen Halbwissen, das nun durch die Worte «fremdes Kapital» (ein widerlicher Ausdruck) schmerzhaft getroffen war. «Fremdes Kapital» als Eigentümer der kostbaren Weinberge von Grand Fenwick? Er hatte einmal von ähnlichen Dingen gehört, die den Weinbergen in Burgund widerfahren waren, und große Rebgelände an der Côte d'Azur waren als Rückzahlung eines Kredits in fremde Hände übergegangen. Er hatte auch erschreckende Gerüchte gehört, wonach in Frankreich dem Wein Zusätze beigemischt würden, damit es mehr und schneller verkaufsbereiten Wein gäbe, und daß man fleißig panschte, um das Ernteergebnis zu steigern. Wenn Grand Fenwick seine Weinberge verlieren müßte, dann wären die Existenzgrundlage und der Stolz dahin.

Benommen verließ er die Bank und ging in den «Krummen Stock», um sich bei einem Glas Pinot zu sammeln und sein angeschlagenes Selbstvertrauen aufzumöbeln. Bisher kostete ein Glas Pinot sechs Penny, aber Ed Teller, der Wirt, verlangte nun acht Penny. Dafür hatte der Wein einen faden Geschmack und ließ die delikate Pinot-Blume vermissen.

«Die Fässer haben in diesem Jahr viel zuviel Kondenswasser angesetzt», sagte Teller, als er sah, wie Bentner sein Glas angewidert auf den Tisch setzte.

«Du hast das Zeug verwässert», schimpfte Bentner.

«Unser Geld ist auch verwässert», meinte Teller mit einem verbindlichen Augenzwinkern. «Was man vor einem Jahr mit einem Schilling kaufen konnte, kostet jetzt anderthalb. Ich will dir etwas sagen. Ich habe jetzt schon Angst, was passiert, wenn das nächste Geld eintrifft.»

Er nahm ein Tuch und begann die Gläser auszureiben, die hinter ihm auf den Gestellen standen.

«Es macht mich krank, auch nur von Geld zu hören», fuhr er fort. «Die Leute können über nichts anderes mehr reden. Wenn du meine Meinung wissen willst: das Geld hat alles Interesse am Leben zerstört. Wie manchen Abend lauschte ich, während ich die Gäste bediente, was sie über Schafschur, Holzschnitzereien, Bogenschießen, ja, selbst über die Kolik eines Babys zu erzählen wußten. Es war ein Genuß, unter Menschen zu sein! Bentner, ich bin kein religiöser Mann, aber ich habe das Gefühl, daß der liebe Gott selbst soviel Freude an diesen gutgelaunten, geselligen Gesprächen gehabt hat wie ich.» Er seufzte. «Und jetzt, was geschieht? Sie reden von Geld und nur von Geld. Was ist es wert? Was soll man damit anfangen? Wer wird was bekommen? Wieviel muß man versteuern? Es ekelt mich an, und ich sehe, wie es alles Leben erstickt. Das Leben wird durch Werte ersetzt, die nichts mehr enthalten. Bentner, darf ich dir einen Rat geben? Wenn diese Yankees noch mehr Kaugummigeld geben, sag ihnen, sie möchten es ihren Feinden schenken, denn deine Freunde verdienen es nicht, durch das Geld mißbraucht zu werden. Wir haben gut gelebt und haben jeden leben lassen. Aber das ist vorbei oder wird bald vorbei sein. Und Geld bietet keinen Ersatz für das, was wir verlieren. Bei Gott, eine Nation kann man nicht auf Dollarscheinen aufbauen, und es ist höchste Zeit, das einzusehen – und wir müssen die ersten sein, die es tun.»

Bewegt und in Gedanken versunken ging Bentner zur Zielscheibe, die an der Wand hing, nahm drei Wurfpfeile und schritt zur Abschußlinie zurück. Pfeilwerfen war immer seine Stärke gewesen.

«War früher mal gratis», sagte der Wirt, mit seinen Gläsern beschäftigt, «jetzt kostet jeder Pfeil einen Penny.»

Angeekelt legte Bentner die Pfeile hin und ging mit langen Schritten hinaus.

7

Die Menschen lernen am besten, wenn sie etwas am eigenen Leib erfahren. Keine der Reden Mountjoys über die Inflation und über billiges Geld hatte auf Bentner eine solche Wirkung ausgeübt wie die Tatsache, daß der dünne Wein acht und jeder Pfeil einen Penny kosteten. Sein Vertrauen in das Geld als Quelle von Wohlstand und Glück war durch diese Kleinigkeiten schwer erschüttert. Dabei war sein Gemüt bereits durch das Gespräch mit Herrn Davis in der Bank belastet worden.

In den nächsten Tagen wälzte Bentner das Problem hin und her. Zeitweilig versetzte ihn der Gedanke an die eintreffenden Kaugummigelder in zuversichtliche Stimmung, denn sie würden alle Schwierigkeiten hinwegfegen. Dann aber wurde es ihm wieder unbehaglich, denn die Sache könnte schief auslaufen. Für Mountjoy war es leicht, davon zu sprechen, «man müsse sich das Geld vom Halse schaffen», er hatte in seinem ganzen Leben nie Geld nötig gehabt. Aber Bentner konnte welches brauchen.

In seiner Jugend hatte Bentner gewußt, was es heißt, von der Hand in den Mund zu leben. Er kannte die Angst, ein bißchen zu wenig zu haben. Geld hatte für ihn Bedeutung, weil es eben Geld war. Ein Pfund war ein Pfund, Dollars waren Dollars, und je mehr man davon besaß, desto besser war es. So hatte er bisher gedacht. Langsam und voller innerer Widerstände begann er zu begreifen, daß man eine Menge Geld besitzen konnte und dennoch schlecht daran war. Mit Bedauern gestand er sich ein, daß

Geld eine seltsame Ware darstellte, die nicht den geringsten Eigenwert aufwies. Es hing nur davon ab, ob die Öffentlichkeit glaubte, ein Schilling sei zehn Liter Milch oder nur eine Schachtel Streichhölzer wert. Bentner vermochte den weittragenden Entschluß, den die Situation und Mountjoy von ihm verlangten, nicht zu fassen: er sollte sich weigern, Kaugummigeld anzunehmen. Bentner konnte das ebensowenig wie einer, der einmal hungerte, Brot wegwerfen kann. Aber er entdeckte, daß auch andere, nicht nur Mountjoy, der Meinung waren (vielleicht sagte es ihnen der gesunde Menschenverstand), daß das Herzogtum ohne das Geld viel besser dastehen würde.

Mit zunehmenden Preiserhöhungen und Schuldenlasten begann die Begeisterung für die Vereinigten Staaten in Grand Fenwick abzunehmen. Ungerechterweise schob das Volk nun Amerika die Schuld für sein Unglück zu. Grundlos hieß es, «die geldgierigen Yankees» seien an allem schuld. Ein Schafzüchter, dessen Antrag auf eine Belehnung der kommenden Schafschur abgelehnt worden war, hielt es für seine Pflicht, während einer Reise nach Marseille einen Ziegelstein durch ein Fenster des dortigen amerikanischen Konsulates zu werfen.

Die französische Polizei nahm ihn fest und übergab ihn dem amerikanischen Konsulat. Dort erhielt er eine freundliche Belehrung, weshalb man keine Ziegelsteine in die Fenster werfen dürfe, und man entließ ihn mit einer Mappe voller Aufklärungsmaterial über die Auslandshilfe der Vereinigten Staaten und über notleidende Länder.

Während seiner Heimfahrt im Autobus las der Mann alles sorgfältig durch, sammelte zu Hause alle unbezahlten Rechnungen und schickte sie an das Konsulat mit der Aufforderung, sie für ihn zu begleichen. Den Brief unterzeichnete er mit «Arthur Greene – der Mann, der den

Ziegelstein durch Ihr Fenster warf». Postwendend erhielt er seine Rechnungen zurück, ergänzt durch eine weitere für den Ersatz der zertrümmerten Fensterscheibe. Diese Zahlungsaufforderung stellte merkwürdigerweise einen großen Teil des amerikanischen Prestiges wieder her. «Sie sind doch nicht so blöde», sagten die Leute, als sie davon erfuhren.

Der einzig nützliche Erfolg des Steinwurfes war der, daß sich die Postzustellung nach Grand Fenwick schlagartig verbesserte. Der Busfahrer Salat hörte von diesem Zwischenfall und brachte voller Dankbarkeit die Post nun pünktlich und holte auch die ausgehende Korrespondenz ebenso zuverlässig ab. Dabei versäumte er nie, die Grenzposten zu bitten, dem feinen Kerl, der den Amerikanern einen Ziegelstein durchs Fenster geworfen hatte, seine besten Grüße zu bestellen.

Um diese Zeit wurde die Nachricht über das zu erwartende Kaugummigeld fällig, und das Volk fieberte erregt dem Eingang der Nachricht entgegen.

Als der Brief endlich eintraf, wurde er nicht einfach von einem Bürger abgeliefert – nein, eine ganze Schar Leute begleitete ihn zum Schloß. Der Absender lautete «Balche and Company» – eine Finanzagentur, welche die Interessen des Herzogtums gegenüber der Herstellerfirma Bickster and Company in den Staaten wahrte. Der Brief war an Mountjoy gerichtet, denn die Herren von der Agentur konnten ja nicht ahnen, daß das erste Kaugummigeld eine Regierungskrise heraufbeschworen hatte. Mountjoy wußte, daß der Brief dem Premierminister galt, und dieses Amt bekleidete nun David Bentner. Aber er öffnete ihn und hatte keine Skrupel dabei, denn er wußte, daß die etwa dreißigköpfige Delegation, die den Brief gebracht hatte, nicht gehen würde, ohne den Inhalt zu erfahren.

Der Brief war sehr kurz gehalten. Er bestand nur aus fünf Zeilen, aus denen die Zahl 10 000 000 geradezu hervorsprang. Der Kaugummigewinn dieses Jahres betrug zehn Millionen Dollar. Mountjoys Hände zitterten, seine Kehle schnürte sich zusammen, und diejenigen, die ihm am nächsten standen, sahen ihn erbleichen.

Schließlich wagte einer zu fragen: «Wieviel, Herr Graf?»

Den Mut seiner Ahnen zu Hilfe rufend, richtete Mountjoy sich auf, sah dem Frager fest in die Augen und verkündete: «Fast nichts. Zehntausend Dollar. Das ist alles. Der Verkauf ist stark zurückgegangen.» Damit stopfte er den Brief in die Tasche.

«Zehntausend Dollar», schrie jemand auf.

«Die Amis betrügen uns. Sie behalten das Geld selbst», ertönte es von einem anderen.

Mountjoy ließ dem aufkommenden Protest eine Weile seinen Lauf, dann gebot er mit aller Strenge Ruhe. «Freunde», sagte er, «es ist für uns alle besser so. Jetzt können wir uns wieder ohne ausländischen Einfluß unseren Geschäften zuwenden. Und nun entschuldigt mich, ich muß den Brief dem Ministerpräsidenten übergeben. Er muß sofort vom Inhalt unterrichtet werden.»

Als er allein war, ging Mountjoy in sein Schlafzimmer und stellte sich vor den großen Spiegel des Kleiderschrankes. Er betrachtete sich und sprach dann laut: «Mountjoy, du durchtriebener Hund!» Dabei drohte er seinem Spiegelbild mit erhobenem Zeigefinger. «Du setzest viel aufs Spiel. Sieh zu, daß du gut spielst.»

Dann läutete er mit einer kleinen goldenen Glocke und beauftragte seinen Sekretär, Bentner zu fragen, ob er ihn zu einer offiziellen Besprechung in einer halben Stunde empfangen wolle. Der Sekretär gab ihm Bescheid, Bentner sei schon auf dem Weg ins Schloß. Mountjoy lächelte. «Es wäre angebrachter, daß ich ihn um eine Audienz bitte, seit er Premierminister ist.»

«Mylord», sagte der Sekretär, «er hörte bereits von den zehntausend Dollar aus Amerika und kann sich vor Ärger über die Summe und über die Tatsache, daß es alle andern vor ihm wußten, kaum fassen.»

Bentner war zornentbrannt, als er in Mountjoys Arbeitszimmer trat. «Sie», sagte er, während er den Grafen mit seinem kurzen, dicken Zeigefinger aufspießte, «Sie haben öffentliche Dokumente erbrochen, die ausschließlich für die Regierung bestimmt waren. Sie können angeklagt werden. Jawohl, angeklagt. Und, bei Gott, ich werde dafür sorgen, daß Sie es werden!»

«So sollten Sie manchmal in der Öffentlichkeit auftreten, Bentner. Sie machen direkt Eindruck, wenn Sie so in Wut geraten», sagte der Graf ruhig. «Wie Sie dem Briefumschlag entnehmen können, war das Schreiben an mich gerichtet. Ich hatte also das Recht, den Brief zu öffnen.»

«Sie wußten genau, daß er für den Ministerpräsidenten bestimmt war. Und der bin ich», sagte Bentner.

«Ich kenne kein Gesetz, das vorschreibt, daß man einen Brief, der an einen selbst adressiert ist, deshalb nicht aufmachen darf, weil er eventuell für einen anderen bestimmt sein könnte.»

«Sobald Sie ihn öffneten, wußten Sie doch, für wen der Brief war. Trotzdem kennt das halbe Herzogtum den Inhalt, bevor Sie ihn mir zu lesen gaben.»

«Tatsächlich?» fragte Mountjoy ruhig. «Lesen Sie doch erst mal den Brief, bevor Sie mich beschuldigen.»

Bentner riß den Brief an sich, überflog ihn und schrie: «Sie haben sich geirrt, Mountjoy. Zehn Millionen, nicht zehntausend. Sehen Sie doch selbst.» Er streckte dem

Grafen den Brief hin. Der aber beachtete ihn nicht, sondern vergewisserte sich zunächst, daß die Tür fest geschlossen war.

«Wirklich?» sagte er dann mit mildem Erstaunen. «Wie schade.»

«Sie haben den Leuten zehntausend Dollar gesagt», wiederholte Bentner.

«Das habe ich.»

«Sie haben sich geirrt.»

Mountjoy überdachte dies eine Weile, wobei er sich Bentners hocherfreutes Gesicht genau anschaute. Die zehn Millionen hatten ihre Wirkung nach der bedrückenden Nachricht über die armseligen zehntausend nicht verfehlt. «Vielleicht», sagte der Graf, «ja, vielleicht habe ich mich ein wenig geirrt, als ich den Betrag bekanntgab. Aber glauben Sie nicht, daß Sie einen Fehler machen, wenn Sie den wahren Betrag bekanntgeben – wenn das Volk erfährt, daß es unglücklicher Besitzer unverdienter zehn Millionen Dollar ist? Sie haben in den vergangenen Monaten gesehen, was eine Million unverdientes Geld aus unseren Landsleuten gemacht hat. Was meinen Sie wohl, was zehn Millionen vollbringen werden? Vielleicht war meine kleine Fehldeutung der Summe genau das, was Sie brauchen, um die bevorstehenden Probleme, verehrter Ministerpräsident, mit Anstand lösen zu können.»

Der Sprung von zehntausend auf zehn Millionen und wieder auf zehntausend zurück – das war für Bentner etwas zuviel, um es gleich zu bewältigen. Er war unschlüssig – sein Verstand bewegte sich schwerfällig wie der Stier unter den flinken Augen eines Matadors, nämlich des Grafen von Mountjoy.

«Fern sei mir», fuhr der Graf fort, «die Privilegien oder gar die Pflichten des Ministerpräsidenten anzutasten. Aber auch ich habe meine Pflicht der Nation gegenüber zu erfüllen, und außerdem möchte ich Ihnen in diesen schweren Zeiten gern zur Seite stehen. Daher habe ich Ihnen die Möglichkeit der Wahl geboten.»

Bentner wirbelte der Kopf.

«Sie haben folgende Alternative. Entweder Sie bestätigen offiziell die zehntausend Dollar, die natürlich keine Verteilung an die Steuerzahler möglich machen, da kaum ein Bruchteil der Landesschulden damit gedeckt werden kann. Oder Sie sagen, daß ich mich geirrt habe, beziehungsweise stempeln mich zum Lügner. Sie werden die Mitteilung machen, daß dem Herzogtum weitere zehn Millionen Dollar zur Verfügung stehen, die alle Schulden des Landes mit einer Handbewegung wegwischen, und daß jedermann nach Abzug der Steuern den Gegenwert mehrerer Jahreslöhne erhält. In diesem Fall steht Ihnen die Lösung nicht endenwollender Probleme bevor, von denen Sie ja bereits Kostproben erhielten.»

«Zehn Millionen Dollar», flüsterte Bentner gequält. «Wie kann irgend jemand zehn Millionen Dollar zurückweisen?»

«Nicht jeder kann das», sagte Mountjoy sanft. «Nur Leute wie ich, die es gewohnt sind, mit Geld umzugehen, haben dafür die Voraussetzung. Deshalb möchte ich es Ihnen erleichtern. Das Volk würde kaum ablehnen. Aber es erwartet jetzt ja nicht mehr als zehntausend Dollar. Und was Sie betrifft, lieber Bentner, ich verstehe Ihre Lage durchaus. Ich kann mir vorstellen, wie schwierig es für einen Mann der Arbeiterklasse ist, einem Vermögen den Rücken zu kehren. Geld hat Sie immer regiert, und Sie haben nach dieser Pfeife getanzt. Nicht die Oberschicht ist der Feind der Arbeiterklasse – nein, das Geld. Vielleicht haben Sie das inzwischen selbst bemerkt. Und so bitte ich

Sie im Namen der Arbeiterklasse, die Sie vertreten, sich von diesem unerbittlichen Klassenfeind nun ganz abzuwenden.»

«Ich weiß nicht, ob ich das schaffe», stöhnte Bentner.

«Sie sind nicht ohne Hilfe», sagte Mountjoy. «Sie können entweder beten oder zurücktreten.»

Der Gedanke an einen Rücktritt – nicht an das Gebet – brachte die Wendung. «Zurücktreten?» wiederholte Bentner. «Und damit die größte Stimmenmehrheit, die meine Partei je hatte, einfach wegwerfen? Niemals.»

«Dann empfehle ich Ihnen, auf die Knie zu fallen und Ihren Schöpfer zu bitten, daß er Ihnen die Charakterstärke gibt, im Interesse des Landes die zehn Millionen zurückzuweisen.»

Der Gedanke an einen Rücktritt und die damit verbundene Niederlage seiner Partei bestärkten Bentner in seinem Entschluß. «Ich werde offiziell zehntausend und nicht einen Penny mehr bekanntgeben», sagte er.

«Bravo», rief Mountjoy. «Wenn ich das höre, beginne ich zu glauben, daß der Tag kommen wird, wo es genügend vernünftige Menschen gibt, die die Zivilisation erhalten, auch wenn der letzte Aristokrat verschwunden ist.»

«Eine Frage habe ich noch», sagte Bentner langsam, die Worte sorgfältig wählend. «Ob wir nicht, ohne daß es jemand erfahren muß ... ich meine, vielleicht könnten wir etwas davon für uns verwenden – ich habe da einige Verpflichtungen...»

Mountjoys eisiger Blick brachte ihn zum Schweigen. Er zuckte ein wenig zusammen und sagte: «Na ja, dann nicht. Man wird wohl noch fragen dürfen.»

8

In einer Sitzung des Staatsrates schlugen nun Mountjoy und Bentner gemeinsam der Herzogin vor, der Öffentlichkeit den wahren Betrag des angekündigten Kaugummigeldes zu verschweigen. Bestürzt mußten sie feststellen, daß Gloriana anderer Meinung war.

«Sie vergessen beide», sagte sie, «daß wir in einer Demokratie leben. Wir dürfen unsere Pläne der Öffentlichkeit nicht einfach vorenthalten. Die Erhaltung der Demokratie ist wichtiger als die Dollars, die Sie verstecken wollen.»

«Euer Gnaden sollten bedenken», erwiderte Mountjoy, «daß auch eine demokratische Regierung dem Volk gewisse Geheimnisse nicht preisgeben kann, wenn damit zu rechnen ist, daß die Reaktion eher gefühlsbestimmt als vernünftig sein wird. Auch demokratische Regierungen müssen ihr Volk davor beschützen, sich selbst zu schaden.»

«Ganz richtig, Ma'am», pflichtete Bentner bei. «Wenn wir den Leuten jetzt die Wahrheit sagen, werden sie vollkommen außer Rand und Band geraten. Womöglich würden sie Autos bestellen und verlangen, daß wir die Straßen verbreitern und Tankstellen errichten. Es gäbe Verkehrsunfälle und Tote. Wir müßten unsere Polizeikräfte verstärken und die eigenen Leute wegen Geschwindigkeitsüberschreitungen bestrafen. Neu eingesetzte Gerichte müßten die Fälle überprüfen. Es ist kein Ende abzusehen, Ma'am. Am besten sagen wir also gar nichts und versuchen, das Geld still und heimlich loszuwerden.»

«Und was wird im nächsten und übernächsten Jahr? Sie

wissen doch, daß wir noch neun Jahre lang mit diesem Kaugummigeld zu tun haben werden. Glauben Sie, daß es recht ist, das Volk jedes Jahr über die Einkünfte zu belügen? Und wenn das Volk herausfindet – sicher wird es dies –, daß es nicht nur um seine Dividenden betrogen worden ist, sondern daß über seinen Kopf weg andere Entschlüsse gefaßt wurden – was dann? Wird dann einer von Ihnen noch in der Lage sein, eine Partei zu leiten, wenn er von der Regierung so im Stich gelassen wird?»

Mit diesen und ähnlichen Argumenten überzeugte die Herzogin ihren Ministerpräsidenten und den Führer der Opposition, daß der gesamte Betrag des zu erwartenden Kaugummigeldes dem Volk offiziell durch den Bürgerrat mitgeteilt werden müsse. «Vertrauen Sie unserem Volk, es ist vielleicht klüger, als Sie glauben.»

Bentner verlas die offizielle Ankündigung und überging des Grafen ursprüngliche Angabe über die zehntausend Dollar. Er gab bekannt, es sei anzunehmen, daß die Summen in den kommenden Jahren ähnliche Höhen erreichen würden.

Der Sturm, der daraufhin ausbrach, war unbeschreiblich. Manche Mitglieder des Bürgerrates umarmten einander, einige tanzten auf den Bänken. Es dauerte eine Viertelstunde, bis der Tumult sich legte, obwohl der Sprecher dauernd mit dem Hammer auf sein Pult schlug und zur Ruhe mahnte.

Endlich konnte sich Bentner das Wort verschaffen. «Ich muß die verehrten Mitglieder des Bürgerrates darauf aufmerksam machen», donnerte er, «daß ich das Recht habe, Sie von der Sitzung auszuschließen. Sollte sich dieses ungehörige Benehmen wiederholen, werde ich davon Gebrauch machen.»

Bentner fuhr sich mit der Zunge über die Lippen. Es

bedurfte seines ganzen Mutes, um nun vor dieser freudetrunkenen Menge das zu sagen, was er sich vorgenommen hatte, und das einen viel größeren Schock auslösen würde.

Er begann mit dem Aufzählen der Schwierigkeiten, die nach der Verteilung des ersten Kaugummigeldes aufgetreten waren. Er sprach von der Inflation der Landeswährung, der zunehmenden öffentlichen und privaten Schuldenlast, den Preiserhöhungen.

«Ich möchte dem Haus hiermit mitteilen, daß ich meinen Standpunkt geändert habe, seit das Geld aus Amerika unter uns ist. Damals, als das Geld eintraf, verlangte ich, daß es unverzüglich unters Volk verteilt werde. Jetzt schlage ich vor – und ich werde diesen Vorschlag verteidigen, was er auch mich und meine Partei kosten mag –, daß wir das Geld ablehnen und nicht mehr zusehen, wie es unsere Wirtschaft untergräbt, indem es Preise und Löhne und den Wert der Produkte in ein ungesundes Verhältnis stürzt. Kurz gesagt, wir müssen einen Plan entwickeln, der das Geld irgendwo verschleudert, damit es uns nicht mehr schaden kann.»

Im Gegensatz zu dem Tumult, welcher der Bekanntgabe der wahren Erfolgssumme gefolgt war, legte sich jetzt eine lähmende Stille auf die Abgeordneten. Man hörte nur das ärgerliche Summen einer Fliege, die am Fensterglas vergeblich den Weg ins Freie suchte. In diese Stille hinein erhob Mountjoy als Sprecher der Opposition das Wort. Die Opposition sei gleicher Ansicht, meinte er, Regierung und Opposition seien sich über die Verwendung der Gelder einig. «In Zeiten nationaler Krisen», sagte er mit Nachdruck, «ist es Tradition, daß sich alle Parteien die Hände reichen. Ich verspreche die Unterstützung meiner Partei für die Pläne des Premierministers.»

Und damit brach der Damm erneut. Dieses Mal tanzte

niemand auf den Bänken, erregt schüttelten einige die Fäuste gegen Bentner und Mountjoy. Bevor Bentner die Gründe für diesen unpopulären Entschluß darlegen konnte, mußten drei Ratsmitglieder mit Gewalt aus dem Saal entfernt werden.

Dank eigenen Erfahrungen waren sich alle über die Hintergründe im klaren. Aber im Augenblick durchlitten sie die Enttäuschung, gezwungenermaßen auf Millionen zu verzichten. Sie wußten, daß dies zum Wohle der Nation geschehen müßte, aber Bürgerpflicht und Gefühl lieferten sich in jedem einzelnen einen harten Kampf.

Die Entscheidung aufschiebend, ließen sie zunächst ihre Wut an Mountjoy aus und verlangten eine Erklärung für seine ursprünglich falschen Angaben.

«Ich habe den wahren Betrag verheimlicht, weil ich fürchtete, daß niemand den Mut und die Weisheit aufbringen würde, das Geld zurückzuweisen», erklärte Mountjoy. «Ich wollte Ihnen die Qualen ersparen und die dem Herzogtum drohende Gefahr abwenden. Ich hoffe, daß ich Sie und Ihre Mitbürger falsch eingeschätzt habe und daß das Volk die zehn Millionen Dollar mutig ablehnen wird, die unsere Zukunft in Frage stellen. Diese Millionen und die weitern, die ohne Zweifel folgen werden.»

Er erhielt keine zusichernde Antwort; die Debatte, die nun folgte, war lang, und die Fragen entpuppten sich als ziemlich unangenehm.

«Warum lassen wir das Geld nicht in Amerika, wo es uns Zinsen bringen wird?» fragte ein Mitglied.

«Das könnten wir tun», antwortete Bentner, «aber es würde eine wirkliche Entscheidung nur hinauszögern. Das Geld würde sich vermehren, nicht nur auf zehn, nein, bald würde es sich auf hundert Millionen vervielfacht haben. Wer unter uns könnte die Existenz einer solchen

Summe ignorieren? Je länger wir warten, desto schwieriger wird es, einen Entschluß zu fassen.»

«Und wie steht es mit den laufenden Schulden?» warf ein anderer ein. «Wir haben sie im Glauben an weiteres Geld gemacht, mit dem wir dann alles bezahlen wollten.»

«Könnten wir nicht wenigstens so viel Geld zurückbehalten, daß damit unsere privaten Schulden und die der Regierung abgezahlt würden?» fragte ein dritter.

Niemand wollte alles Geld behalten, und niemand schlug ein zweites Mal vor, das Geld unter die Stimmbürger zu verteilen. Alle waren sich nun mehr oder weniger einig, daß das empfindliche wirtschaftliche Gleichgewicht in Grand Fenwick gewahrt bleiben mußte.

Endlich beschloß man, mit dreiunddreißig zu sieben Stimmen, alle vorhandenen öffentlichen und privaten Schulden aus dem neuen Geld zu begleichen. Darüber hinaus jedoch sollte kein Dollar mehr ins Land gelassen werden.

Nach der Abstimmung stellte ein Ratsherr den Antrag, die Entscheidung über die Verwendung der überflüssigen Millionen ganz «Ihrer gnädigen Herrscherin, Gloriana der Zwölften» zu überlassen, die in dieser Angelegenheit den Beistand ihrer ergebenen Berater verlangen möge. Das wurde ohne Gegenstimme und hocherfreut angenommen, denn das Volk vertraute der Herzogin, die weit über der Politik stand, die Bentner und Mountjoy betrieben.

In Geldangelegenheiten hatte Gloriana sehr wenig Erfahrung, und ihr Gemahl, Tully Bascomb, als praktisch denkender Mann, traute ihr diesbezüglich auch nicht viel zu. Wie viele andere Frauen hatte sie die Gewohnheit, ein Prinzip, das sich einmal als richtig erwiesen hatte, mir nichts, dir nichts auf andere Gegebenheiten zu übertragen.

Von ihren Einkaufsreisen nach Lyon oder Marseille pflegte sie eine Menge Dinge heimzubringen, die sie zwar nicht benötigte, die aber äußerst billig waren. Tully vermochte sie nie davon zu überzeugen, daß etwas, das man nicht braucht, nie billig ist. Sie hatte auch Waren gekauft, die man später einmal benötigen könnte, wobei «später» nie Gegenwart geworden war. Diese kleinen Sünden begehen viele, aber wenn Tully daran dachte, daß Gloriana nun die Millionen auszugeben hatte, war er doch ein wenig irritiert. «Anderseits», grübelte er, «ist es Gloriana bisher gelungen, auch den letzten Penny ihres Privateinkommens zu verbrauchen. Vielleicht ist es gerade die richtige Aufgabe für sie.»

Gloriana hatte sich alles über das Geld angehört, was ihr Bentner und Mountjoy zu diesem Thema sagen konnten. Sie suchte noch nach einem andern Standpunkt und begab sich zu Dr. Kokintz. Der große Mathematiker und Physiker blieb von dem ganzen Finanzdurcheinander unbehelligt bis auf die wenigen Male, wo er freundlicherweise defekte Fernsehapparate instand setzte.

«Sind Sie sicher, daß es gar nichts Teures gibt, das ich Ihnen kaufen könnte?» fragte Gloriana. «Interessieren Sie sich nicht für Astronomie? Wir könnten Ihnen ein hübsches großes Observatorium mit einem riesigen Teleskop bauen.»

Kokintz antwortete, daß sein Interesse an der Astronomie nie solche Ausgaben rechtfertigen würde. Allerdings benötige er einen Gegenstand, den man eigens herstellen müßte, und der wahrscheinlich sehr kostspielig sei.

«Was ist es?» fragte Gloriana voll freudiger Neugier.

«Zwei gehärtete Stahlteile, deren Oberfläche in einer bestimmten Kurve geschliffen werden muß», sagte Kokintz. «Und ich glaube, es gibt nur eine Firma in Scranton in den Vereinigten Staaten, die solche Sachen überhaupt herstellt.»

«Bestellen Sie sofort», sagte Gloriana, «und verlangen Sie, daß die Ware mit einem Sonderflugzeug hergeschickt wird. Es darf an nichts gespart werden. Was, glauben Sie, wird alles kosten?»

«Vielleicht zweihundert Dollar», schätzte Kokintz, «aber die Sondermaschine wird mehrere tausend Dollar kosten.»

«O weh!» jammerte Gloriana. «Können Sie sich wirklich nichts Teureres einfallen lassen?»

Kokintz hatte keine Wünsche.

Die Herzogin begann Kokintz über seine Arbeiten auszufragen und hoffte, auf diesem Weg auf eine gute Idee zu kommen.

Ein Problem war nicht neu: das der Oxydation der Metalle. Die Wissenschaft nahm es als Tatsache hin, Kokintz jedoch hatte seine eigenen Vermutungen darüber. Das zweite Gebiet, mit dem sich Kokintz beschäftigte, waren die Ultraschallfrequenzen.

«Wir haben Flugzeuge entwickelt, die schneller fliegen als der Schall», erklärte er. «Und nun will ich Schallwellen entwickeln, die schneller sind als Flugzeuge.»

«Welchen Nutzen hätte die Welt davon?» fragte Gloriana.

Kokintz nahm seine Brille ab, und weil ihm nicht gleich eine Antwort einfiel, polierte er mit einem Hemdenzipfel die Gläser. «Vielleicht hätte es keinen praktischen Wert», meinte er schließlich, «aber man könnte damit eine neue Maßeinheit erfinden. Wissen an sich hat immer einen Wert. Der Drang nach neuem Wissen macht überhaupt den Menschen aus.»

Als Gloriana das Labor verließ, nahm sie sich vor, Dr.

Kokintz ein paar Dutzend Taschentücher zu kaufen, womit er seine Brille putzen konnte.

Und dann fand sie eines Tages ganz zufällig eine Methode, wie sie das unerwünschte Geld loswerden konnte. Sie hatte in der *Times* gelesen und aus Langeweile sogar die Finanzseiten durchgeblättert. Am Anfang dieses Teiles der Zeitung fand sie einen Artikel, der sich mit dem fallenden Wert der Industrieaktien und dem leichten Ansteigen der Eisenbahnpapiere und der Staatsobligationen befaßte.

«Warum nur habe ich nicht schon früher daran gedacht», fragte sie sich. «Täglich verlieren Leute Millionen an der Börse, ohne sich ein bißchen anzustrengen. Ich werde so lange Aktien kaufen, bis ich das gesamte Geld verloren habe. Und das wird mir einen Heidenspaß machen.»

Einen Moment lang dachte sie auch daran, daß nicht jedermann an der Börse nur verliere. Einige Leute – man hörte ab und zu davon – machten dort ihr Vermögen. Andere Spekulanten (sie waren in Finanzfragen sicher begabt) steckten ihr ganzes Geld in den Börsenmarkt. Aber sie mußten täglich, davon war Gloriana überzeugt, sorgfältig alle Kursblätter und Nachrichten über Investitionen der Unternehmen studieren, an denen sie interessiert waren. Und noch so verloren sie manchmal alles.

Ermutigt durch diese Überlegungen, breitete sie die Finanzseite der *Times* sorgfältig vor sich auf dem Tisch aus. Dann schloß sie die Augen und stach mit einer Stecknadel blindlings auf die Kursliste. Die Nadelspitze traf den Namen eines Unternehmens, das sich «Westwood Coal and Carriage» nannte. Noch am gleichen Tag wurde ein Luftpostbrief an Grand Fenwicks Interessenvertreter in Amerika unterzeichnet, welcher Balche and Company aufforderte, sechs Millionen in dieses anscheinend harmlose Unternehmen zu stecken.

9

Die Westwood Kohle- und Transportgesellschaft war ein erstaunliches Überbleibsel aus der Zeit der Hochkonjunktur des amerikanischen Transportwesens nach dem Ende des Bürgerkrieges.

Während dieses Krieges gegründet, hatte die Gesellschaft Kriegsgerät jeder Art transportiert und dabei recht unpatriotische Gewinne erzielt. Die dieserart gesammelten Mittel wurden später in Eisenbahnlinien, Lokomotiven und Rollmaterial investiert, Anlagen, die in der Folge zu Beteiligungen an Kohlenbergwerken führten, denn schließlich mußten die Lokomotiven mit Brennstoff versorgt werden.

Noch zu Beginn des zwanzigsten Jahrhunderts war das Unternehmen eine Macht, mit der man rechnen mußte. Aber als sich durch die technische Entwicklung die Lage im Transportwesen änderte, konnten sich die Direktoren – die Söhne des Gründers der Firma – nicht schnell genug anpassen. Sie lachten über die vereinzelt auftretenden Automobile, denn sie glaubten nicht, daß ein anderer Treibstoff als Kohle in das Transportwesen Einzug halten könnte. Sie meinten achselzuckend, daß die ‹selbstfahrenden Züge› sowieso nicht über die schlecht ausgebauten Straßen kämen; je mehr man die Straßen benutzte, um so schlimmer würde ihr Zustand. Und wer wollte schon in einem Tempo von zehn bis zwanzig Kilometer in der Stunde dahinrattern, wenn man im Zug auf weichen Polstern mit fünfzig Stundenkilometer dahineilen konnte?

Und die Elektrizität würde die Kohle als Energielieferanten nie verdrängen, ihre Kraft sei ja unbedeutend. Sie war gerade gut genug, ein paar Lampen in Gang zu setzen oder das Telephon klingeln zu lassen. Aber Maschinen anzutreiben, dazu wäre sie zu schwach. Außerdem lieferte man den Strom durch Drähte, die sich zu einem unglaublichen Gewirr verdichten würden, sollte die Elektrizität wirklich allgemein in Gebrauch kommen. Schiene und Kohle waren gesund, und man sah nicht ein, was sich daran ändern sollte.

Ted und Cy Westwood aber mußten bald mit ansehen, wie Kohle immer weniger gefragt wurde, wie die Löhne der Bergarbeiter stiegen und die Einnahmen der Bergwerke fielen. Nach und nach wurden alle Bergwerke bis auf zwei verkauft. Der Wagen- und Lokomotivenbestand mußte reduziert werden, als mehr und mehr Fracht- und Personentransporte mit moderneren Mitteln auf der Straße durchgeführt wurden. Zu spät entschlossen sich die alternden Direktoren, die Automobilfabrikation aufzunehmen.

Anfangs waren die Einnahmen auch in dieser Branche nicht schlecht, aber schon bald stellte sich heraus, daß die wirklichen Gewinne nur durch maschinelle Massenproduktion zu erzielen waren, während der Westwood-Wagen fast vollständig von Hand gebaut wurde. Alljährlich nahmen die Direktoren neue Kredite auf, um das nächstjährige Modell auf den Markt zu bringen, und jedesmal gelang es ihnen nur knapp, die Anleihen des vorhergehenden Jahres abzuzahlen. Die Gesellschaft hungerte nach Kapital und hatte seit zehn Jahren keinen Reingewinn mehr erzielt. Seit sieben Jahren wiesen ihre Bücher nur rote Zahlen auf.

Und dennoch führte die Gesellschaft mit geradezu selbstmörderischer Treue ihre Geschäfte auf dem Gebiet weiter, wo nachweislich kein Gewinn mehr zu erzielen war, nämlich im Transport- und Kohlegeschäft. Und jedes Jahr verkündete der Aufsichtsrat erneut seinen treuen Aktionären, daß die Gewinne großartig sein könnten, wenn sich jährlich statt bloß sechstausend, sechzigtausend Wagen herstellen ließen.

So war die Lage, als Balche and Company Glorianas Aufforderung zur Investition von sechs Millionen Dollar erhielt.

«Westwood Coal and Carriage», murmelte Joseph Balche und strich seinen buschigen weißen Schnurrbart glatt. «Sechs Millionen. Unerhört!» Balche war ein Mann von nobler Ehrbarkeit.

Vorsichtshalber überzeugte er sich in der *Financial Times,* ob sich inzwischen ein Wunder ereignet hätte, von dem er nichts wußte. Aber da stand schwarz auf weiß «Zwei siebenachtel, ein Achtel gesunken». Auch den Brief aus Grand Fenwick überflog er nochmals, aber nein, es war kein Irrtum!

Immer wenn Joseph Balche ernste Probleme zu lösen hatte, begoß er zunächst die Geranien, die vor dem Fenster seines Büros in Kästen blühten. So ging er denn auch nach dem Eingang des erstaunlichen Luftpostbriefes in sein Badezimmer, hob die Gießkanne vom Boden und füllte sie mit Wasser. Er öffnete das Fenster und ließ das erquickende Naß langsam über seine Blumen rieseln. Der Anblick des kleinen silbern schimmernden Wasserfalls beruhigte seine Nerven ungeheuer. Er ging an sein Pult zurück und rief unverzüglich die Maklerfirma Dibbs, Hedstrom, Morris, Strong, Williams und Benjamin in Wallstreet an.

John Dibbs war ganz das Gegenteil des konservativen, verläßlichen Herrn Balche. Obwohl die beiden in enger

Geschäftsverbindung standen, hatten sie sich nie persönlich getroffen. Dibbs hatte einen Hängebauch, ein rotes Gesicht und massive Schultern. Er rauchte Zigarren und hatte die Angewohnheit, seinen Schreibtisch als Fußstütze zu benutzen. Er schien sein Geschäftsgebaren alten Gangsterfilmen abgeguckt zu haben; sein ganzes Benehmen erinnerte deutlich an das Chicago in den Tagen der korrupten Zeitungsleute, der breitkrempigen Hüte und Maschinenpistolen.

«Dibbs», meldete er sich am Telephon. «Was kann ich für Sie tun?»

«Hier Joseph Balche», meldete sich der andere. «Ich habe einen Kunden, der an Westwood Coal and Carriage interessiert ist. Was können Sie mir anbieten?»

«Anbieten?» fragte Dibbs. «Ich nehme an, daß alles, was die Gesellschaft besitzt, zu haben ist – die Frau des Präsidenten eingeschlossen. Also, zwei Fünffachtel.»

«Seit gestern wieder um fünfundzwanzig Cent gefallen», konstatierte Balche und überging die undelikate Anspielung. «Sehen Sie zu, was Sie machen können, mein Kunde ist an einem größeren Ankauf interessiert.»

«Wer ist Ihr Kunde?» fragte Dibbs.

«Ich ziehe es im Augenblick vor, darüber zu schweigen», erwiderte Balche zurückhaltend.

«Okay. Dann beantworten Sie mir wenigstens eine Frage. Ist es neues Geld?»

«Ja», sagte Balche, «mein Kunde hat bisher noch keine Geschäfte an der Börse gemacht.»

«Gut», sagte Dibbs, «wenn Sie ihm gleich von Anfang an das Investieren verleiden wollen. Ich persönlich betrachte neues Geld an der Börse nicht als günstig; es kommt nur den ernsthaft investierenden Kunden ins Gehege. Aber wenn Ihr Klient wirklich ins Börsengeschäft einsteigen will, dann empfehlen Sie ihm doch etwas Solideres. Westwood Coal kann nur noch sinken und Ihr Kunde verliert siebzig Cents auf einen Dollar.»

«Vielen Dank für Ihre Auskünfte», antwortete Balche eisig. «Kaufen Sie inzwischen bitte alle Aktien auf, die erhältlich sind, gleichgültig, ob der Preis dem Wert entspricht.»

«Wie hoch ist Ihr Limit?»

«Sechs Millionen Dollar», sagte Herr Balche und legte den Hörer auf.

John Dibbs hatte keine Geranien zu begießen, um seiner Erregung Herr zu werden. Er schaute auf die Uhr, stellte fest, daß es vier Uhr nachmittags und die Börse bereits geschlossen war. Er zwängte sich in seinen Mantel, ließ Fahrstuhl Fahrstuhl sein und rannte die vier Stockwerke hinunter – hinab zur Wallstreet. Er bog nach rechts ab, eilte an der ehrwürdigen J. P. Morgan-Bank vorbei, stieß die Schwingtür der nächsten Bar auf, stolperte über den mit Sägemehl bestreuten Boden auf die Theke zu und bestellte einen Manhattan.

Glücklicherweise stand Hans, der deutsche Barmann, hinter der Theke, denn er war nach Schluß der Börse die einzige zuverlässige Informationsquelle der ganzen Straße. Hans kannte jedes einzelne der mehreren hundert Gerüchte, die täglich in Wallstreet auftauchten. Er kannte ihren Ursprung, wußte, wer sie verbreitet hatte und wem sie weitergegeben worden waren. Von ihm erfuhr man, wer an die Gerüchte glaubte oder wer ihnen mißtraute.

Aus all diesem Wissen konnte der Fachmann die Wahrheit destillieren und einigermaßen erfahren, was an den Klatschgeschichten von Zusammenschlüssen, Aufstockungen, Nachlässen und Steuerveranlagungen glaubhaft war. Die Tatsache, daß Dibbs überhaupt einen Platz in der überfüllten Bar bekam, war darauf zurückzuführen, daß Makler hier ein angestammtes Recht auf einen Platz hatten, so wie sie an der Börse ihren Stand bekamen.

Natürlich brachte Hans ihm sein Getränk nicht persönlich. Es war allgemein bekannt, daß Hans nur ein einziges Mal in dreißig Jahren selbst bedient hatte: als ein ehemaliger Präsident der Vereinigten Staaten nach einem Börsenbesuch in Hansens Bar einkehrte. Damals hatte Hans ohne Zögern selbst nach einer Flasche Whisky gegriffen, genau die richtige Marke gewählt und ebenso genau die richtige Menge eingeschenkt. Daraufhin hatte er dem Präsidenten das Glas mit jener Feierlichkeit kredenzt, mit welcher ein Kardinal einem Bischof die Kommunion reicht.

Jimmy, der irische Barmann, brachte Dibbs seinen Manhattan, und Dibbs fischte – wie er es immer tat – erst die Kirsche heraus, bevor er sich einen großen Schluck genehmigte. Mit halbem Ohr vernahm er das Stimmengewirr rings um ihn und beantwortete an ihn gestellte Fragen, ohne sich über die Richtigkeit seiner Angaben Rechenschaft abzulegen. Er war mit den sechs Millionen beschäftigt, die in wertlose Papiere investiert werden sollten. Nun schien ihm alles sinnlos, was ringsum gesprochen wurde. Und Hans – der große Hans mit dem Gesicht eines Ordensritters auf einem Grabmal, die rotblonden Haare schon leicht ergraut, die blaßblauen Augen so ausdruckslos, als könnten sie weder Freud noch Leid widerspiegeln – Hans bemerkte, daß John Dibbs gedankenverloren und also intensiv mit etwas beschäftigt war.

Hans stand wie immer angelehnt in der Mitte hinter der Theke und grüßte niemand. Aber er ließ es sich doch angelegen sein, mit seinen alten Kunden ein paar Worte zu wechseln oder mit ihnen ein Geheimnis auszutauschen. Er beobachtete das Benehmen seiner Gäste und wußte sofort, ob jemand eine Information brauchte oder eine zu vergeben hatte.

Als Dibbs nicht sein normales, etwas lautes Auftreten an den Tag legte, aber dafür seinen Manhattan trank, als sei es Wasser (er nahm zwei in fünf Minuten), und seine Zigarre unangezündet zwischen den Lippen hielt, näherte sich Hans ihm unauffällig und neigte seinen Kopf, so daß sein Ohr dicht vor Dibbs Mund war.

«Westwood Coal?» flüsterte Dibbs.

Hans richtete sich langsam auf und schüttelte nur ganz leicht sein ritterliches Haupt. Ohne ein weiteres Zeichen zu geben, kehrte er dann zu seinem gewohnten Platz in der Mitte des Bartisches zurück und hielt nach anderen Kunden Ausschau, die in einer Notlage waren.

Das leichte Kopfschütteln hatte Dibbs richtig gedeutet. Es kursierten keine Gerüchte bezüglich Westwood in der Wallstreet. Infolgedessen konnte mit Sicherheit angenommen werden, daß nichts Außergewöhnliches mit dieser Gesellschaft geschehen war. Nun konnte Dibbs weiter darüber nachgrübeln, warum jemand Interesse zeigte, sechs Millionen Dollar in Westwood zu stecken.

Obwohl es ihn eigentlich nichts anging, versuchte er, das Rätsel zu lösen. Er mußte in Erfahrung bringen, ob ein blutiger Anfänger aus Unwissenheit hier Geld verlieren wollte, oder ob es einen tieferen Grund dafür gab, der vielleicht die Westwood-Aktien in den nächsten Wochen zu einem Geheimtip machen konnte. Er bestellte noch einen Manhattan und zahlte. Er hatte sich soweit beruhigt, daß er seine Zigarre anzuzünden vermochte und bereit war, das Problem mit größerer Objektivität durchzudenken.

Als erstes zog er den Schluß, daß die sechs Millionen kein Pappenstiel waren und sich daher kaum in den Händen eines Idioten befanden. Wer so viel Geld zu investieren hatte, mußte etwas davon verstehen. Wäre er in Wallstreet bekannt, hätte Hans davon gehört; kein Geheimnis blieb ihm verborgen. Offenbar kannte nur der Geldgeber selbst das Geheimnis; vielleicht handelte es sich um einen Plan, der Westwood betraf, über den er jedoch mit niemand gesprochen hatte.

Was war es? so lautete die Frage.

Das Unternehmen hatte keinen eigenen Besitz mehr – besser gesagt, alles, was es besaß, war über und über mit Hypotheken belastet. In der Tat war die Gesellschaft so armselig dran, daß die Banken es sich überlegten, ob sie die zwei verbliebenen Kohlengruben, die kleine Autofabrik im westlichen Michigan und den Rest von ungefähr sechzig Kilometer Schienenweg unter den Hammer bringen wollten. Die Strecke war längst verpachtet und arbeitete sowieso mit Verlust.

War es einem Mitglied der Gesellschaft gelungen, einen Regierungsauftrag zu ergattern? Vielleicht stand alles im Zusammenhang mit dem Weltraumprogramm? Genau das machte den Auftrag so wertvoll, daß der Außenseiter am ganzen Geschäftskapital interessiert war.

Die drei Manhattan verschafften Dibbs eine wohlige Wärme, und so entschloß er sich, die letzte Möglichkeit für die richtige zu halten. Irgendein gerissener Geschäftemacher war zu Coal and Carriage gestoßen, und dieser Überlebende aus der Dinosaurierzeit würde das gute Heu wegtragen.

Jimmy, der junge Barmann, steckte die Fünf-Dollar-Note ein und fragte scherzend: «Herr Dibbs, wo soll ich meine Ersparnisse anlegen?»

«Westwood Coal and Carriage», gab ihm Dibbs zur Antwort, und die Umstehenden schauten erst überrascht, dann sehr gedankenvoll drein.

10

Die sechs Millionen, die Gloriana durch die Entscheidung einer Stecknadel in Westwood Coal and Carriage investiert hatte, brachten ihr mühelos die Aktienmehrheit, und damit gelangte das Unternehmen fast ganz in den Besitz des Herzogtums. Es hatte nicht mal der sechs Millionen bedurft, um die Kontrolle über alles zu erhalten. Zweieinhalb Millionen blieben übrig, und Herr Joseph Balche wollte dies der Herzogin telegraphisch mitteilen und ihre Anweisungen betreffs weiterer Beteiligungen erbitten. Nach einigem Nachdenken änderte er seinen Entschluß, da, soviel er wußte, keine Telegraphenleitung nach Grand Fenwick bestand.

Ein Telegramm mußte nach Paris, von dort nach Marseille und schließlich per Post nach Grand Fenwick geleitet werden, denn es gab keine Telephonverbindung zwischen dem Herzogtum und der Außenwelt. Mountjoy hatte es erreicht, daß man ein Haustelephon im Schloß installierte, und eine Leitung reichte auch noch bis zum Grenzposten. Ein Ferngespräch wurde vor dem Eintreffen des Kaugummigeldes sowieso nicht verlangt, weil es die Leute nie hätten bezahlen können. Solche Dinge mußte Herr Balche im Zeitalter der Jet-Fliegerei in Betracht ziehen, und er entschied, ein Luftpostbrief würde die Herzogin schneller erreichen als ein Telegramm. Zudem hatte Gloriana ihren Auftrag in einem gewöhnlich frankierten Brief mitgeteilt und damit angedeutet, daß keinerlei Eile not tat.

In seinem Brief schrieb Balche, daß einundsiebzig Prozent der Westwood-Aktien nunmehr in Händen des Herzogtums seien und es daher in der Macht Grand Fenwicks läge, einen neuen Aufsichtsrat zu wählen und die zukünftigen Pläne der Gesellschaft zu bestimmen. Er erklärte offen, daß die Geschäftslage der Gesellschaft sehr zu wünschen übrigließe und es ihm daher richtig erschienen sei, eine Buchprüfung anzuordnen. Sobald der Rechenschaftsbericht vollendet sei, bekäme die Herzogin ihn zugeschickt. «Die Aktien», so fuhr er in seinem Schreiben fort, «sind seit dem Erwerb weiter gesunken, obwohl ich hoffte, daß die Nachricht vom Aufkauf den Papieren in Wallstreet einen leichten Aufschwung verschaffen würde. Leider liegt das Geschäft dafür zu sehr darnieder. Was die übrigen zweieinhalb Millionen Dollar anbelangt, darf ich Euer Gnaden vorschlagen, sie in Obligationen der Stadt Tokio anzulegen. Diese sind sicher und bringen den erstaunlich hohen Zinssatz von acht Prozent.»

Gloriana war etwas verärgert, als sie den Brief erhielt. Sie hatte nicht erwartet, daß Geld übrigbleiben werde. Sie wollte den gesamten Betrag für wertlose Aktien ausgeben und schrieb postwendend einen unmißverständlichen Auftrag an Balche. «Es spielt keine Rolle, wieviel Sie für diese Aktien zahlen», schrieb sie, «aber geben Sie den vollen Betrag dafür aus. Wenn Sie mir wieder schreiben, hoffe ich, daß Sie mir mitteilen, von den sechs Millionen sei kein Penny übriggeblieben.»

Die übrigen Aktien befanden sich größtenteils in Händen der Direktoren der Gesellschaft. Balche überlegte sich, wie er am besten an sie herankommen könne, und entschied, dieses Mal nicht über Dibbs zu kaufen. Er wollte die Direktoren persönlich ansprechen, um die restlichen Anteile so billig wie möglich zu erhalten, denn er war der festen Überzeugung, daß sich der unweigerlich entstehende

Riesenverlust auf eine größere Stückzahl verteilen und dadurch erträglicher würde, wenn er möglichst viele Anteile billig erwarb.

Als Mann mit Würde und kühlem Kopf war er in der Lage, durch zahllose Telephongespräche die verstreuten Aktien ausfindig zu machen, und viele davon mußte er teurer bezahlen, weil sie in den Händen kleiner Teilhaber waren. Und nun plötzlich begannen die Aktien zu steigen. Die Gerüchte über einen Auftrag der Weltraumbehörde, der den Anlaß zum Ankauf der Aktien gegeben habe, schwirrten kreuz und quer durch Wallstreet, und der Tip, den Dibbs dem jungen Barmann gegeben hatte und der von einigen Maklern gehört worden war, trug dazu bei, die Aktien interessant zu machen.

Die Notierungen stiegen zuerst um ein Achtel, dann um ein Viertel und schließlich um ein weiteres Achtel. Es wurde geflüstert und getuschelt, das Gerücht aus Wallstreet machte seinen Weg nach Washington, San Francisco, Los Angeles und Chicago. Die öffentlichen Regierungsausschreibungen und Verträge wurden untersucht und peinliche Fragen an das Weltraumzentrum gerichtet. Man sprach nur noch von dem fetten Vertrag, den Westwood eingeheimst hatte. Zwei Wochen später hatte sich der Preis der Aktien verdoppelt, und zwar einzig und allein aufgrund der sich noch steigernden Nachfrage.

In diesen Tagen rief Dibbs von seinem Wallstreet-Büro Balche an. «Es geht um Westwood», sagte er. «Ich habe hier einen Interessenten, der Ihren Kunden treffen möchte, um eine Beteiligung zu besprechen.»

«Unmöglich», erwiderte Balche. «Mein Kunde wohnt nicht einmal in diesem Land.»

«Wer ist Ihr Kunde?» fragte Dibbs.

«Darüber muß ich Schweigen bewahren.»

«Hören Sie mal», sagte Dibbs, «die ganze Sache ist nichts als eine Seifenblase. Das wissen Sie so gut wie ich. Ihr Kunde versucht, den Preis der Anteile hochzutreiben, aber das Spiel nähert sich seinem Ende. Ich habe alle Regierungsbüros abgeklappert und nirgends eine Spur eines Auftrages entdecken können. Westwood hat also weder neue Aufträge noch weitere finanzielle Mittel zu erwarten. Dieses Hasardspiel ist für Wallstreet und das Börsengeschäft übel. Warum lassen Sie Ihren Kunden nicht mit meinem zusammenkommen und ihre Vorhaben besprechen? Wenn dann die Blase platzt, kann man vielleicht noch etwas retten.»

«Sagen Sie mir eins», entgegnete Balche und ließ seinen Blick auf den brennendroten Geranien vor seinem Fenster ruhen, «ist Ihr Kunde am Kauf der Aktien interessiert?»

«Nein», sagte Dibbs. «Er besitzt die restlichen Aktien und möchte wissen, was gespielt wird.»

«Nun, das kann ich Ihnen sagen. Ich habe eine ganz bestimmte Geldsumme zur Verfügung, damit kann ich die restlichen Westwood-Aktien aufkaufen», erklärte Balche. «Entweder Ihr Kunde verkauft sie mir gleich, oder er muß das Risiko eingehen, daß seine Anteile wieder an Wert verlieren. Ich habe nur noch diese Restsumme zur Verfügung, und ein späteres Angebot von meiner Seite wird es nicht mehr geben.»

«Wieviel steht Ihnen zur Verfügung?» fragte Dibbs.

«Ich will Ihnen keinen Betrag nennen, aber die Summe ist limitiert.» Weiter riet er: «Ihr Kunde soll verkaufen, solange die Papiere hoch stehen. Schon im Lauf der nächsten Woche wird mein Kunde einen Teil der Aktien en bloc abstoßen. Dann sausen die Preise nach unten. Ihr Kunde wird nicht mehr das bekommen, was ich ihm jetzt anbiete.»

«Das klingt verdächtig nach einer Drohung», sagte Dibbs.

«Es ist eine Drohung», antwortete Balche ruhig. «Und zwar eine sehr ernste. Ich bin froh, daß Sie das sogleich erkannt haben.»

«Ihr Kunde muß völlig den Kopf verloren haben», sagte Dibbs. «Ich habe diese Gesellschaft von oben bis unten überprüfen lassen. Es ist keine Spur von Vermögenswerten feststellbar, aber auch nicht ein einziger Aktivposten ist aufgetaucht. Ist Ihnen bekannt, daß das durchschnittliche Bankguthaben dieser Firma in den letzten achtzig Jahren dreißigtausend Dollar nie überstiegen hat?»

«Das ist allerdings sehr wenig», meinte Balche. «Wollen Sie mich bitte anrufen, wenn Ihr Kunde zum Verkauf entschlossen ist?» Er legte den Hörer auf und dachte über das erstaunlich niedrige Bankguthaben der Gesellschaft nach. So erstaunlich war es eigentlich nicht, wenn man bedachte, daß sie so lange Jahre nichts als Verluste aufgewiesen und sich nur mit Anleihen über Wasser gehalten hatte.

Am nächsten Tag rief Dibbs wieder an und erklärte, daß sein Kunde bereit sei, die restlichen Aktien zum Kurs von viereinviertel zu verkaufen. Seinem Auftrag getreulich nachkommend, kaufte Balche für Gloriana und schrieb ihr einen Brief, daß sie nunmehr sämtliche Aktien der Gesellschaft, jedoch kein Bargeld mehr besaß. Die sechs Millionen waren ausgegeben. Die Direktoren, fügte er hinzu, seien beauftragt, das Geschäft wie bisher weiterzuführen, bis die Rechnungsprüfung erledigt sei.

In der folgenden Woche sank die Nachfrage nach Westwood-Aktien, da man weder von einer neuen Produktion noch von den ominösen Regierungsaufträgen hörte, die den Aktienwert eventuell doch erhöht hätten. Zwei Wochen nach den erfolgten Ankäufen las Gloriana in der einige Tage alten *Times,* daß sie siebenhundertfünfzigtausend Dollar verloren hatte. Mountjoy hatte den Betrag mit Bleistift unterstrichen, und Gloriana gratulierte sich zu diesem Erfolg. Danach stiegen die Kurse etwas an, und die Herzogin stellte enttäuscht fest, daß sie jetzt nur noch eine halbe Million verspekuliert hatte.

In der dritten Woche wurde der langanhaltende Streik in den amerikanischen Ölraffinerien beendet. Der Jubel, der in Wallstreet nach solch glücklichen Ereignissen immer entstand, bewirkte einen Aufschwung auf dem Aktienmarkt, und von diesem Aufwärtstrend profitierten auch die Westwood-Papiere. Sechshunderttausend der verlorenen Dollars kamen wieder ein. Aber schon nach zwei Tagen kamen die Makler zur Besinnung und erkannten mit Entsetzen, was sie getan hatten. Sie ließen die Aktien wie eine zu heiße Kartoffel fallen! So kam es, daß Gloriana innerhalb vier Wochen Besitzerin eines Unternehmens war und den erwünschten Verlust von viereinhalb Millionen Dollar verzeichnen konnte.

Sie war sehr stolz über ihren Erfolg. Sicher brachten es wenig Menschen fertig, in nur vier Wochen und ohne viel Anstrengung viereinhalb Millionen Dollar loszuwerden. Und sie hatte wirklich kaum daran gearbeitet, nur ein paar Briefe geschrieben und hin und wieder die Kurslisten in der *Times* überflogen. Das war alles.

Um eine Million Dollar pro Woche zu verlieren, dazu war eine ganz besondere Art von Genialität nötig. Gloriana war über alles so erfreut, daß sie es unbedingt ihrem Gatten Tully und dem Grafen von Mountjoy erzählen mußte, der jetzt zwar Leiter der Opposition im Rat, aber dennoch ihr treuer Berater war. Bevor sie ihr Vorhaben ausführen konnte, traf wieder ein Brief von Balche and Company ein.

Der Umschlag war mit Papieren vollgestopft und gab zu einigen Kommentaren Anlaß, während er vom Grenzbriefkasten zum Schloß gebracht wurde. Der Brief ging durch viele prüfende Hände; die Leute fragten sich, warum er wohl so dick sei, bewunderten die schönen Briefmarken und waren überzeugt, daß die Nachrichten sie selbst auch etwas angingen.

Und so war es auch. Das viele Papier entpuppte sich als ein fünfzig Seiten langer Rechnungsbericht über die Vermögenswerte der Westwood Coal-Gesellschaft. Die Inventur war erstaunlich detailliert gemacht worden, vom Zylinderblock über Schreibmaschinen bis zur letzten Büroklammer war alles aufgeführt. Als Gloriana die Seiten durchblätterte, fühlte sie sich etwas bedrückt über die neuerliche Verantwortung, die dieser große Haufen Material, der nun dem Herzogtum gehörte, mit sich brachte.

Die erste Seite des umfangreichen Berichtes nahm die Bilanz ein, welche die vorhandenen Vermögenswerte und die bestehenden Verbindlichkeiten fein säuberlich aufzählte und deren Zahlen am Schluß auf den Penny genau übereinstimmten. Gloriana übersprang diese Seite, denn sie mißtraute Bilanzen ganz allgemein. Die darin ausgewiesene Genauigkeit konnte ganz einfach nicht stimmen. Wer konnte schon alles ganz genau auf einen Penny ausrechnen? Und was würde geschehen, wenn der Hauswart beim Aufwischen ein Sechspennystück fände – nach Bilanzabschluß? Würde dies nicht das ganze Ding über den Haufen werfen? Sie wandte sich Balches Brief zu. Das Schreiben war förmlich, ja bestrebt, unpersönlich und kühl zu wirken. Doch verriet bereits der erste Abschnitt etwas wie Triumph und Frohlocken, was dann im dritten Abschnitt vollends zum Ausdruck kam.

Wie Euer Gnaden aus dem Geschäftsbericht ersehen, hat die

Westwood Coal während vieler Jahre nur gegen Bargeld geliefert. Das Bargeld der Gesellschaft beträgt am heutigen Tag – zehn Millionen Dollar. Der Betrag übersteigt bei weitem die Summe, die Sie zur Eigentümerin der Firma machte. Darf ich Ihnen meinen verbindlichsten Glückwunsch zu diesem in der Finanzwelt einmaligen Geschäftserfolg ausdrücken?

Ich muß gestehen, erst war ich über die Anweisung zum Erwerb der Aktien etwas erstaunt, der Ihnen nun einen Gewinn von vier Millionen in bar und den Besitz der übrigen Vermögenswerte der Firma eingetragen hat. Diese Vermögenswerte bestehen allerdings in einigen Liegenschaften, die mit Hypotheken belastet sind, welche der noblen alten Firma mehr aus Gefälligkeit gewährt worden waren.

Durch das Inventar der Automobilfabrik in Michigan hat es sich herausgestellt, daß noch Bestandteile für ungefähr hundert Autos vorrätig sind. Wir könnten diese 1928er-Modelle herstellen und auf dem Oldtimer-Markt zu sechstausend Dollar das Stück absetzen. Allein damit erzielen wir einen Reingewinn von rund einer Viertelmillion.

Ich erwarte respektvoll die weiteren Anweisungen Eurer Gnaden.

Ihr sehr ergebener Joseph Balche.

11

Gloriana war so beleidigt, daß sie vier Millionen gewonnen hatte anstatt sechs zu verlieren, daß sie überhaupt nicht mehr an Geld denken wollte, und sie entschloß sich, Balche nicht zu antworten. Sie vermutete, daß er in obskurer Weise am Mißlingen ihres Planes, Geld an der Börse zu verlieren, beteiligt war. Sie nahm an, daß er von dem Bargeld wußte, das in den Tresoren und Schubladen der Westwood Coal aufbewahrt wurde. Aber gegen Ende der Woche hatte sie sich selbst davon überzeugt, daß sie ein «Opfer des berühmten Anfängerglücks» war wie viele, die sich auf einem neuen Feld versuchen. Sie tröstete sich mit dem Gedanken, weiterzumachen, um doch noch endlich Geld an der Börse zu verlieren.

Mountjoy, der wieder einmal eine Tasse Tee in ihren Privatgemächern trank und den sie um seinen väterlichen Rat bat, unterstützte sie noch ein wenig in ihren Absichten.

«Bobo», fragte Gloriana während einer solchen Teevisite, «was sind Aktien? Wenn die Leute von Aktienkäufen sprechen, wovon reden sie dann?»

«Man meint damit, daß man Anteile eines Geschäftskapitals kauft», antwortete er und zog genießerisch den Duft des Tees ein. Darjeeling, stellte er fest, Dezember-Ernte. Das war die beste Zeit für die Tee-Ernte. Er nahm nur ganz wenig Zucker, um den köstlichen Geschmack des Getränks nicht zu zerstören.

«Fünf Minuten sind genau richtig, aber es hängt vom

Wasser ab», sagte er laut und trank einen großen Schluck. «In der Tat, fünf Minuten!»

«Fünf Minuten, wofür?» fragte Gloriana erstaunt.

«So lange soll der Darjeelingtee ziehen», erklärte Mountjoy. «Die Chemiker behaupten, drei Minuten wären genug, aber sie beziehen sich nur auf den Tannin- und Koffein-Gehalt. So ist er ausgezeichnet.»

«Danke, Bobo», sagte Gloriana erfreut, denn sie schätzte es, wenn er ihren Tee wie Wein kostete; sie hatte bemerkt, daß irgendwelche Zusammenhänge bestanden.

«Euer Gnaden erwähnten eben Kapital», begann Mountjoy.

«O ja», sagte Gloriana. «Ich finde, in meiner Stellung sollte ich etwas über diese Dinge wissen. Aber ich verstehe einfach nicht, was Kapital ist, was Aktien oder Obligationen sind.»

«Mit den Aktien sind Sie Teilhaber am Geschäftsvermögen», erklärte Mountjoy, «teilen Gewinn oder Verlust und haben das Recht, bei der Wahl der Direktoren ein Wort mitzureden.»

«Ich hatte immer geglaubt, daß der Präsident und der Verwaltungsrat auch die Besitzer eines Unternehmens sind», gestand Gloriana.

«O nein, Euer Gnaden», erwiderte Mountjoy. «Sowenig wie der gewählte Präsident einer Nation das Land als Eigentum besitzt. Es sind nur Funktionäre – Angestellte. Allerdings werden Direktoren oft durch Besitz von Aktien Teilhaber einer Firma.»

«Und was sind Obligationen?» wollte Gloriana wissen.

«Obligationen bedeuten keine Teilhaberschaft», sagte Mountjoy. «Sie sind eine Art Darlehen, das man einer Gesellschaft – oder einer Regierung – gibt und das nach einer bestimmten Frist zum Nennwert zurückgezahlt wird. Inzwischen wird die Obligation zu einem bestimmten Ansatz verzinst. Obligationen sind eine sicherere Anlage als Aktien, denn sie müssen zurückbezahlt werden. Aber verdienen läßt sich nicht viel damit. Oft decken die Zinsen nicht einmal die Entwertung des Geldes während der Laufzeit der Obligation.»

«So wäre es also besser, das Geld in Obligationen anzulegen?»

«Eigentlich ja, außer es handelt sich um Vorzugsaktien, die ebenfalls sicherer als gewöhnliche Aktien sind.»

«Was ist denn das wieder?» fragte die Herzogin.

«Vorzugsaktien haben gewisse Vorrechte. Allerdings ist der Gewinnanteil nach oben begrenzt, aber die Auszahlung der Dividenden ist gesichert. Erst nachher wird der verbleibende Gewinn an die Inhaber gewöhnlicher Aktien verteilt.»

«Demnach sind gewöhnliche Aktien am risikoreichsten?»

«Ganz genau», sagte Mountjoy. «Investitionen in gewöhnliche Aktien sind ohne Kenntnisse der Materie ein reines Glücksspiel. Und Sie wissen, daß nur Berufsspieler gewinnen – und manchmal verlieren auch sie.»

«Danke, Bobo», sagte Gloriana, «nehmen Sie doch noch ein wenig Gebäck. Es ist köstlich. Ich habe es aus einer kleinen Konditorei in Villeurbanne schicken lassen.»

In all seiner Schlauheit hatte Mountjoy nicht bemerkt, daß Gloriana ihm die börsentechnischen Fragen nur gestellt hatte, weil sie einen sicheren Weg suchte, das überflüssige Geld zu verschleudern. Die Art seines Denkens, die er sich während eines ganzen Lebens angeeignet hatte, ließ eine solche Schlußfolgerung überhaupt nicht zu. Es stand für ihn unumstößlich fest, daß ein Spekulant an der Börse unbedingt Geld machen will. Daß auch das Gegenteil möglich sein könnte, war ihm nie eingefallen. Anderseits hatte Gloriana es übernommen, Grand Fenwick um das Kaugummigeld zu erleichtern, respektive es zu neutralisieren, ohne daß die landeseigene Wirtschaft darunter litte. Das war immer noch zu bedenken.

Als die ganze Geldangelegenheit in die Hände der Herzogin überging, hatte er nicht daran gedacht, das Geld zu «neutralisieren». Es bedrückte ihn, daß die Idee nicht ihm selbst gekommen war, denn er erinnerte sich an ein Beispiel aus Vaters Zeiten, den Cullinan-Diamanten, der faustgroß war und aus dem Verkehr gezogen werden mußte, ohne die Diamantpreise auf dem Weltmarkt zu erschüttern. Die Regierung hatte den blendenden Einfall, den Stein direkt Edward VII. zu übergeben. Der Stein wurde in neun Stücke geteilt, die heute Bestandteil der britischen Kronjuwelen sind.

Auf die gleiche Art wollte Mountjoy die Einkünfte der nächsten neun Jahre bis zur Schließung der Kaugummifabriken aufteilen und zum Verschwinden bringen. Nachher erledigten sich alle Probleme von selbst.

Auf jeden Fall hatte die kleine Lektion über Börsenfragen ihre Wirkung auf Gloriana nicht verfehlt. Sie gewann wieder mehr Selbstvertrauen und glaubte nun an ihre Fähigkeit, das Geld loszubringen.

Bevor sie den Brief versiegelte, schoß ihr noch ein anderer Gedanke durch den Kopf. Sie liebte ihren Garten, und jeden Herbst wurde sorgfältig berechnet, wieviel sie für Sämereien und Blumenzwiebeln im nächsten Frühling ausgeben dürfe. Sie war darüber informiert, daß die hübschesten Rosen in Amerika gezüchtet wurden, und sie wußte, daß Patente diese Züchtungen schützten. Es war ihr Traum, diese Rosen zwischen Fuchsien und Schwertlilien zu pflanzen. Sie war entzückt von Blumen und mußte deshalb ihr Gartenbudget jedes Jahr gut einteilen, damit die Auslagen für Samen und Pflanzen nicht zu hoch kamen.

Aber jetzt war solche Sparsamkeit nicht nötig. Sie konnte Beete rings um das Schloß mit allen Variationen der herrlichen Rosen anlegen. Und sie wollte Rabatten mit lila Schwertlilien bepflanzen und einen ganzen Wald der hängenden Fuchsia einsetzen. Einen Moment lang fragte sie sich, ob es vielleicht unrecht sei, so viel für ihr persönliches Vergnügen auszugeben. Doch dann besann sie sich, daß man ihr die Verwendung der Gelder anvertraut hatte, ohne weitere Bedingungen daran zu knüpfen. Sie war schließlich überzeugt, daß die Fenwicker die Blumenpracht ebenso schätzten wie sie.

Also bat sie am Ende des Briefes Balche um einen ausführlichen Samenkatalog und um junge Rosenpflanzen. In einem weiteren Postskriptum erklärte sie deutlich, sie wolle nicht das geringste mit der Leitung von Coal and Carriage zu tun haben.

«Ich hoffe», so schrieb sie, «die Gesellschaft wird weiterhin Geld verlieren wie bisher. Ich bin wirklich nicht daran interessiert, und wenn Sie einen Käufer für die Aktien finden, dann verkaufen Sie bitte.»

12

Lichtjahre von Grand Fenwick entfernt – in Los Angeles – stand Ted Holleck am Fenster seines Büros und beobachtete den Verkehr, der sich achtzehn Stockwerke tief unter ihm den Sunset Boulevard entlangschlängelte. Offiziell galt er als Börsenmakler, und er war auch einer. Seine Methoden hätten jene früheren, echten Makler entzückt, die Aktien gleichzeitig der Moskau Company und der Hudson Bay Company anboten. Ted Holleck war eine Abenteurernatur wie alle Amerikaner, bevor sich die Nation dafür entschied, Ehrbarkeit, Sicherheit und Weisheit (eigentlich überraschend für ein so unternehmungslustiges Volk) als oberste Wertmaßstäbe zu deklarieren. Ted Holleck trug das Haar lang wie seine Vorfahren, und die dunklen, krausen Bartkoteletten reichten bis zu seinen Mundwinkeln. Seine Augenbrauen waren buschig, und er bürstete sie jeden Morgen, um sie zu erhalten. Sein Gesicht zeigte jenen schmerzlich verzogenen Ausdruck, der heute von vielen Popsängern fleißig einstudiert wird. Er trug einen schwarzen Rollkragenpullover, darüber eine grasgrüne Cordsamtjacke ohne Revers und nur mit einem Knopf. Seine Hosen waren schwarz und eng wie das Trikot eines Tänzers bis fast hinunter zu den Knöcheln, wo dann eine gewisse Weite erlaubt schien. Um den Sitz dieser Hosen zu garantieren, trug er einen Steg, der unter dem Absatz seines Schuhes verlief. Seine Schuhe waren Cowboy-Stiefel.

Er sah gut aus, war unverheiratet, stark und eben dreißig

Jahre alt. Und es gab in den Vereinigten Staaten mehrere tausend Menschen, die, hätten sie je gebetet, dies gewiß um seinen frühen Tod getan hätten.

In der Tat, Ted Holleck hatte unter den entsetzten Augen der Verwaltungsräte mehr Unternehmen aufgekauft als er Jahre zählte. In den Augen vieler war er ein Wolf im Gehege des fetten Viehs der Finanzwelt. Er war ein Schuft und Schurke, ein Neandertaler mit dem Herzen einer Königskobra. Aber so sahen ihn nur seine Opfer. Es gab auch andere, die aus seinen Unternehmungen Nutzen zogen, Aktienbesitzer, deren heruntergekommene Gesellschaften sich plötzlich in lukrative Betriebe umwandelten; Direktoren obskurer Betriebe, die veraltete Wasserpumpen, Autoteile oder Gartenzäune fabrizierten, erhielten durch Ted Hollecks Eingreifen Auftrieb, wurden Industriekapitäne und – das war die Krönung ihrer Karriere – fanden ihre Namen als kleinen Eintrag auf der Gesellschaftsspalte der *Times*.

Holleck hatte seine Kenntnisse im Handelsrecht nicht an der Harvard-Universität erworben, wo das Recht gelehrt wurde, das in Wallstreet und in den Oststaaten der USA angewandt wird. Die Universität von Los Angeles paßte ihm viel besser, denn dort trug selbst das trockene Recht einen Hauch des verführerischen Hollywood. Er war ein lebendiges Beispiel dafür, daß die Umgebung, in welcher ein Fach erlernt wird, am Schluß mitbestimmend ist. Und er erlebte während seiner Studienzeit den schäumenden Überfluß in West Los Angeles, die lebhafte und kindliche Freude an allem Neuen und Gewagten, das viel Geld kostete. Ted Holleck sog alles gierig auf.

Sein Rechtsstudium war von hellem Sonnenschein überflutet, von Kino-Überspanntheit, Wellenreiten und Hochkonjunktur für Grundbesitz geprägt. In dieser Umgebung lernte er sehr schnell das Credo aller wirklich großen Anwälte: «Das Gesetz ist nur Gesetz, wenn man es vor Gericht bringt, und dann muß man mit den Geschworenen umzugehen wissen.» Ausgenommen waren die Fälle, die vor das Bundesgericht gelangten. In etwa dreißig Prozent aller Fälle ließ sich bestimmt ein Verfahrensfehler nachweisen. Ted schreckte nie davor zurück, ihn zugunsten seines Klienten aufzudecken.

Das war also der Mann, der das quirlende Durcheinander auf dem Sunset Boulevard beobachtete: die Hippies und ihre Jünger, die Filmproduzenten und die Schauspieler, die Krämer und Grundstückhändler, die Köche und den Fernseh-Nachwuchs – ganze Massen aller menschenmöglichen Berufe. Er dachte über das Steuerproblem der Sunrise Space-Unternehmen nach, deren Profite auf armselige fünfunddreißig Millionen Dollar im ersten Vierteljahr gesunken waren. Die Aussichten für die weitern Quartale waren mager, denn die Firma hatte es unterlassen, in den letzten achtzehn Monaten ernsthafte Marktforschung zu betreiben. Jetzt war eine in Gang, aber die Ergebnisse konnten nicht vor dem nächsten Jahr ausgewertet werden, und man durfte nicht einmal an laufende Einnahmen denken. Er wußte, was Sunrise Space zu tun hatte. Man mußte die Hälfte der Direktoren feuern, denn eine Geschäftsleitung, die mit einem solchen finanziellen Hintergrund nur fünfunddreißig Millionen im besten Quartal des Jahres herauswirtschaftete, hatte versagt. Aber entlassene Direktoren gaben Gerüchten Nahrung und würden Tausende von zornigen Aktionären in Ted Hollecks Büro führen. Das Reinemachen mußte so still wie möglich vor sich gehen.

Es mußte also ein lahmer Laden gefunden werden, der mit Sunset Space verschmolzen werden konnte. Am liebsten einer, der seit Jahren ohne Gewinn, womöglich sogar mit Verlust geführt worden war. In diesem Fall konnte bei einer Übernahme mit großen Steuerabschreibungen gerechnet werden, womit Sunset aus dem Dilemma heraus wäre.

Er überflog mit den Augen die Büroräume und stellte befriedigt fest, daß er ihre Kosten von der Steuer abziehen konnte, inklusive die vier Bilder des Malers Rouault, die er persönlich schrecklich fand, von denen er aber hoffte, daß sie ihm gestohlen würden, um dann ihren mittlerweile bedeutend erhöhten Marktwert bei den Staatssteuern als unversicherten Verlust abziehen zu können.

Es bot keine Schwierigkeiten, einen Kandidaten zu finden, der Sunrise Space aufsaugen konnte. Holleck, wie wahrscheinlich alle seine Kollegen, hatte nicht die geringste Mühe, eine Liste von zwanzig Unternehmen aufzustellen, deren Einkünfte so unbedeutend waren, daß man sie mit Hilfe einiger Manipulationen des Gesetzes so deklarieren konnte, daß große Steuerreduktionen herausschauten. Ölfirmen waren dankbare Objekte; am allerbesten eignete sich dazu die Rimrock Oil, die fünfunddreißig nutzlose Löcher gebohrt hatte, bevor eine Bohrung auf Öl stieß. Rimrock hatte sich damit den Respekt und die Sympathie anderer Ölgesellschaften erworben, die mit fünf Trockenbohrungen auf einen Treffer rechneten.

Rimrock wäre genau das richtige gewesen, wenn sich im Konglomerat der Sunrise Space nicht schon drei Ölgesellschaften befunden hätten. Die Antitrust-Behörde könnte da ein Veto einlegen.

Im Sunrise Space-Komplex befanden sich bereits mehrere Schwefelminen, vier Bleiminen, zwei Spielzeugfabriken, eine Filmherstellungs- und eine Film-Vertriebs-Organisation, eine Reihe Kinos, eine Werbeagentur, verschiedene drittklassige Zeitungsunternehmen, eine Mühle, Reedereien, Luftfahrtgesellschaften und zwei Nachtlokale – eines in Los Angeles und eines in Boston. Das Betriebskapital dieser Gesellschaft belief sich auf ungefähr zehn Milliarden Dollar, aber die Gewinne aus diesen enormen Investitionen waren auf so wenige Millionen heruntergesetzt, daß man sie bei der Steuererklärung abschreiben konnte. Ted Holleck war sich bewußt, daß die Steuerberater bereits jede kleinste Möglichkeit ergriffen hatten, um Abschreibungen vorzunehmen. Nun hatte man ihm den Ball zugespielt, und er mußte sich mit dem Gedanken herumschlagen, wie er eine Steuerreduktion von weiteren zehn Millionen erhalten könnte.

Anders als Gloriana benutzte er keine Stecknadel, wenn er sich über Börsenkurse informieren wollte. Er verwendete einen Computer und war ein Pionier der Computer-Prognosen. Er fütterte seinen Computer mit den verschiedensten Daten und erhielt erstaunlich verläßliche Voraussagen über bevorstehende Gewinne oder Verluste der Gesellschaften an der Börse.

Ted drückte auf eine Taste der Gegensprechanlage auf seinem Pult und sagte: «Sag Jim, er soll unsere Denkmaschine mit den Daten der folgenden Firmen füttern – Rimrock, Zigler, Glass and Resin... er kennt die ganze Liste. Und er soll Westwood Coal nicht vergessen. Ja, ich weiß, daß die Aktien an der Börse Verwirrung verursachten und ihre Kurse schwanken. Aber ich glaube, es war das Werk eines Schlaukopfs, der noch aussteigen wollte, solange er konnte. Was ich wünsche, ist eine Übersicht der besten Verlierer, sagen wir einmal, in den letzten zehn Jahren. Wie lange wird es dauern? Bis morgen nachmittag? Zum Donnerwetter, ich brauche sie in den nächsten Stunden. Wir sprechen von Geld hier, mein Lieber, von Geld!

Zehn Millionen harte amerikanische Dollar – morgen kann es zu spät sein!»

Er schaltete die Anlage ab und nahm eine Ausgabe der *Blount's Financial Intelligencer* zur Hand. Die Ausgabe dieses Wochenblatts, die ihm jemand gebracht hatte, war bereits zwei Wochen alt, aber er blätterte sie durch auf der Suche nach einem bestimmten Artikel, den man ihm zu lesen empfohlen hatte. Schließlich fand er ihn rot angestrichen unter der Überschrift «Goldener Gummi».

Beim letzten Ansteigen der Preise auf dem New Yorker Markt wurde Bickster & Co. übersehen. Die Gesellschaft, die in den letzten Jahren mit Verlust arbeitete, weist jetzt annehmbare Gewinne auf und verspricht noch bessere für die nahe Zukunft. Die Gesellschaft stellt einen Kaugummi mit Weingeschmack her. Der einzige Aktionär ist das Herzogtum Grand Fenwick. Die Aktien notieren um achteinviertel, mit fünf Punkten Anstieg seit vergangenem Jahr. Man schreibt die erhöhte Nachfrage der Antirauchkampagne und einer geschickten Fernsehreklame zu.

Bickster and Co., überlegte Holleck, das wäre vielleicht eine feine Pflanze, die man stehlen konnte. Wäre sie eventuell der Sunrise Space einzuverleiben, oder könnte er damit ein Geschäft für die Hastings Enterprises anreißen – oder vielleicht damit einmal etwas für sich selbst tun? Makler-Honorare waren fett, und Ted Holleck wollte endlich etwas für sich selbst einhandeln. Mit ein paar Worten in die Sprechanlage verlangte er mehr über Bickster and Company zu erfahren.

Als er vom Mittagessen zurück ins Büro kam, lagen die Auskünfte bereits auf seinem Pult, zusammen mit der Computer-Auswertung der «lahmen Enten», wie er schlechtrentierende Gesellschaften freundschaftlich zu betiteln pflegte. Die lahmste von allen war die Westwood Coal, die dauernd Verluste verzeichnete.

Holleck nahm die beiden Informationen gründlich zur Kenntnis. Es war ein kritischer Moment. Er kam sich vor wie ein Pirat, der ein Handelsschiff entdeckt und sich entschließen muß, ob er angreifen, obschon der Wind von der falschen Seite wehte, oder ob er besser zuwarten sollte, bis günstigeres Wetter eintraf. Wenn er sich überhaupt entschied, mußte er verschiedene Angriffe ins Auge fassen. Brachte er Bickster und Westwood Coal zusammen, so brachte das dem ersteren enorme Steuererleichterungen. Er könnte den Hastings vorschlagen, die Aktienmehrheit der Kaugummifabriken zu erwerben und so deren Gewinn einzustreichen und die Westwood Coal den Sunrise Space zuzuführen, um in den Genuß des Steuererlasses zu gelangen. Die Auskünfte bewiesen, daß Bickster punkto Finanzen das gesündeste Unternehmen war; es waren weder Bankschulden noch Hypotheken vorhanden. Es wäre kein Kunststück, Geld im Hinblick auf diesen Kauf zu leihen, bis die Geschäfte getätigt wären, denn die Anleihe wäre bestens durch das vorhandene Kapital der Firma gedeckt. Gelänge das Geschäft nicht, dann brauchte man keine Kredite, und niemand würde geschädigt. Er konnte Bickster sich selbst verkaufen.

Freilich, am besten wäre natürlich, die Majorität sowohl bei Bickster als auch bei Westwood zu besitzen. Wenn er erst mitmischen konnte, würde er die beiden Firmen ineinander aufgehen lassen. Daraus konnte ein blendendes Geschäft resultieren. Die Verluste von Westwood zur Abschreibung der Gewinne bei Bickster zu verwenden, das wäre natürlich der Idealfall.

Dann zog er einen goldenen Drehbleistift hervor, der oben mit einem kleinen Kreuz des Amenhotep geschmückt war und zu einem größern Kreuz paßte, das er an einer goldenen Kette um den Hals trug, und begann auf einen

Block zu kritzeln, dessen pastellblaues Papier einen leichten Goldschimmer erkennen ließ.

Mit den Steuergesetzen kannte er sich aus. Kein Trick war ihm unbekannt. Zwanzig Minuten ernsthafter, ununterbrochener Arbeit mit einem chinesischen Rechengerät aus dem zwölften Jahrhundert brachten ihn zu dem erfreulichen Resultat. Bei einer Geldanlage von insgesamt fünfzehn Millionen Dollar würde er die Mehrheit sowohl bei Westwood Coal als auch bei Bickster & Co. erwerben können. Besaß er selbst, oder ein kleines Syndikat, das er schon auf die Beine bringen würde, erst einmal diese Mehrheit, ließ sich ein Zusammenschluß der beiden Firmen leicht bewerkstelligen. Dies wiederum würde es ermöglichen, mit dem Steuerguthaben von Westwood die Steuerverpflichtung für das florierende Bickster-Geschäft zum Verschwinden zu bringen.

In gehobener Stimmung nahm er die buntkarierte Schottenmütze vom altmodischen Kleiderständer, der als Anachronismus in seinem modernen Büro stand, betrat den Fahrstuhl und ließ sich in diesem Plexiglaskasten in die Eingangshalle des Bürohauses bringen. Er schritt hinaus in die sonnendurchflutete Straße, wandte sich nach links, vorbei an der Hoddaku Bank and Trust Company und steuerte auf die Bar «Zum Goldenen Löwen» zu, die sich betont englisch gab.

Diese Bar war das Gegenstück zur Bar, die Hans in New York betrieb, obschon man das nicht an Äußerlichkeiten feststellen konnte. Man durfte nicht an der Theke stehen, wahrscheinlich, weil die hier ausgeschenkten Martinis eine besondere Größe hatten. Die Gäste setzten sich an die dunklen Eichentische auf rotgepolsterte Ledersessel. Der Boden aus weiß und schwarz gemustertem Marmor war eine gelungene Imitation in Plastik und mit Sägemehl bestreut. Überall standen Spucknäpfe herum, da die Geschäftsleitung der Überzeugung war, daß die Engländer das Spucken gewiß nicht verlernt hätten, dies aber nie auf den Boden tun würden.

Während bestimmte Gäste bei Hans bestimmte Stehplätze ihr eigen nennen durften, hatten die Stammgäste im «Goldenen Löwen» ihre eigenen Nischen. Hier verkehrten auch nicht ausschließlich Börsenmakler, sondern ein recht polyglottes Publikum, an das lediglich die Forderung beträchtlichen Reichtums gestellt wurde. In seiner Nische wurde Ted Holleck von Charlie bedient, der zwar Mexikaner war, aber seiner Aufmachung nach an einen englischen Stallknecht erinnern sollte.

«Ein Glas Säure?» fragte Charlie.

«Richtig», sagte Holleck.

«Wieviel haben Sie denn heute verdient, Señor?» fragte Charlie, als er den Martini brachte. Die Geschäftsleitung des «Goldenen Löwen» förderte den etwas dreisten Ton zwischen Angestellten und Kunden.

«Oh, ich weiß nicht genau. Vielleicht zwei Millionen.»

«Zwei Millionen», wiederholte Charlie. «In einem Tag, Señor?»

«Ich war müde», sagte Holleck, der sich bewußt war, daß sich einige Köpfe nach ihm umdrehten.

«Mann», sagte Charlie. «Soviel machten sie mit ‹Vom Winde verweht› nicht mal in einem Monat.»

«Kintopp ist für kleine Jungen. Das große Geld wird da gemacht, wo Männer spielen. Stahl, Kunststoffe, Transport – Kaugummi. Nicht sehr romantisch, aber es macht viel Spaß.»

«Kaugummi?» echote Charlie.

«Richtig», sagte Holleck. Und aus der Kürze der Antwort wußte Charlie, daß die Unterhaltung beendet war.

Er ging zu seinem Standort zurück und überdachte, was ihm da mitgeteilt worden war. Dieser gerissenste Spekulant der ganzen Westküste sprach von Kaugummi? Freilich hatte er auch von Stahl, Plastik und Transport gesprochen, aber daran war fast jeder Börsenhai interessiert. Aber Kaugummi war das Zauberwort, das Charlie an einen gewissen Ort weiterliefern wollte, um wieder mal einen Zehn-Dollar-Schein für einen guten Tip einzuheimsen. Noch in dieser Nacht schrieb Charlie vom «Goldenen Löwen» an Jimmy in Hansens Bar in New York: «Das heißeste Gerücht in Los Angeles ist Ted Hollecks Interesse an Kaugummi. Du kennst ihn, er hat den besten Riecher. Und wenn du den nächsten Zwanzig-Dollar-Schein siehst, schick mir die Hälfte. Immer Dein Freund Charlie.»

Als Jimmy den Brief gelesen hatte, gab er die Information an Hans weiter, der einen angemessenen Betrag in Kaugummi-Werten investierte.

Vier Tage später stiegen die Bickster-Aktien um zwei Punkte, denn es wurde ein Gerücht verbreitet, wonach sich ein Syndikat in Los Angeles in die Gesellschaft eingekauft haben sollte. Hans verkaufte sofort seine Aktien, nahm den Gewinn an sich und händigte Jimmy davon zwanzig Dollar aus.

Jimmy, pflichtbewußt, sandte seinem Kollegen die zehn Dollar nach Los Angeles und fügte eine kurze Notiz hinzu, aus der hervorging, das Wetter sei in New York für die Jahreszeit ungewöhnlich kalt.

Charlie überlegte sich eine Weile, was das wohl zu bedeuten habe, dann gab er einigen seiner Kunden zu verstehen, daß in New York die Aktien der Wintersport-Industrie im Kommen seien. Mehr konnte er aus Jimmys Worten nicht machen.

13

Von Ted Holleck wurde behauptet, er könne einem Schlafenden das Leintuch wegziehen, ohne daß der Bestohlene auch nur erwache. Sicher war dies nicht übertrieben, denn binnen kurzer Zeit hatte er seinen Plan durchgeführt und ohne größere Schwierigkeiten die Aktienmehrheit sowohl der Bickster and Co. als auch der Westwood Coal an sich gebracht.

Einige Telegramme und Telephongespräche, da und dort ein geschickt ausgestreutes Gerücht – sein Besuch im «Goldenen Löwen» war nicht nur seiner Vorfreude auf das Millionengeschäft zuzuschreiben gewesen –, eine Erwähnung in der Wirtschaftsspalte der *Newsweek,* ein Bild im *Playboy* von Ted selbst, der sich gerade einen Kaugummi in den Mund stopfte, und die heftigen Dementi seinen Freunden gegenüber, die behaupteten, er hätte die Aktien erworben – all das zusammen waren taktische Manöver, um seinen Raubzug auf die beiden Firmen ohne Störung auszuführen. Holleck mochte die Sorte Transaktionen nicht, bei der man sich Listen der Aktieninhaber beschaffen und diese erst anfragen mußte, ob sie an einem Geschäft interessiert wären, oder solche, bei denen die Aktionäre abzustimmen hatten, was mit den Papieren geschehen sollte. Das empfand er als Knüppel zwischen den Beinen, und die Methoden waren seinem Charakter fremd. Er benutzte alles, um echte und falsche Gerüchte in die Welt zu setzen, die das Geldausgeben interessant machten, und schon floß es in Strömen. Er kaufte Aktien in Blöcken von zehn oder tausend Stück. Manchmal unternahm er einen Scheinangriff auf eine Firma, kaufte aber die Papiere einer andern. Obschon er die Kriegskunst nie studiert hatte, kannte er die Kardinalregeln des Kampfes. Er wußte, daß der Angriff überraschend schnell und dort erfolgen mußte, wo er am wenigsten erwartet wurde. Diesen Punkt herauszufinden, war manchmal die kniffligste Aufgabe.

Die Aktienmehrheit von Westwood Coal zu bekommen, hatte keine besonderen Schwierigkeiten geboten. Balche hatte von Gloriana einen verbindlichen Verkaufsauftrag in der Tasche, sie hatte einundfünfzig Prozent zu einem Kurs von fünfeinhalb abgegeben. Die Transaktion ließ den Kurs für kurze Zeit auf sieben steigen und pendelte sich nachher auf sechseinviertel ein.

Bickster-Aktien zu bekommen, war schon schwerer gewesen. Sie standen gut, wenn auch nicht übertrieben hoch. Nachdem Holleck geschickt einige Gerüchte ausgestreut hatte, stiegen sie um mehrere Punkte.

Zu diesem Zeitpunkt sandte Holleck einen Scheck über fünfzigtausend Dollar als anonyme Gabe an ein medizinisches Forschungszentrum in Rio de Janeiro, um den Zusammenhang zwischen Hautkrebs bei Nordamerikanern und ihrer nationalen Gewohnheit, Gummi zu kauen, überprüfen zu lassen. Erwähnungen dieser Forschungsarbeiten und der Summe, die von privater Seite in sie gesteckt wurde, erschienen in brasilianischen Zeitungen und wurden von den amerikanischen Blättern übernommen. Augenblicklich sanken die Verkaufszahlen bei den Kaugummilieferanten, und noch tiefer fielen die Preise der Aktien.

Aktionäre, die keine weiteren Verluste hinnehmen konnten oder wollten, begannen zu verkaufen, Ted Holleck kaufte. Leute verkauften und erklärten dann anderen, weshalb sie sich zu einem Verkauf entschlossen, wodurch wiederum andere ebenfalls zu einem Verkauf ermuntert wurden. Holleck kaufte so lange, bis er und die Mitglieder seines Syndikats die gewünschte Aktienmajorität hatten.

Danach war es ein Leichtes, einen Zusammenschluß der beiden Gesellschaften zu erzwingen, woraus Bickster ein großes Steuerguthaben erwuchs. Sobald diese Nachricht die Börse erreicht hatte, begannen die Aktien beider Gesellschaften zu klettern. Schon am folgenden Tag waren die Anteile von Bickster Chicle and Coal, unter welchem Namen sie nun geführt wurden, auf den doppelten Wert gestiegen.

Am Ende des Monats lagen die Kurse hundertfünfzig Prozent über dem ursprünglichen Wert. Nun war die Zeit für eine Kapitalaufteilung gekommen, und man durfte mit dem Vertrauen zählen, das die breite Öffentlichkeit dem Bickster Chicle and Coal-Unternehmen entgegenbrachte. Die Aktien wurden im Verhältnis – zwei alte gegen eine neue – umgewertet. Aber die Gier nach diesen Neuauflagen war so groß, daß eine Fünfundzwanzig-Dollar-Aktie schon bald zu vierzig Dollar angeboten wurde und diesen Preis ohne weiteres einbrachte.

Herr Balche war verwirrt, als er erfuhr, daß sich das Kapital innerhalb der zwei Monate, seit er von Gloriana mit dem Verkauf der Aktien beauftragt worden war, nun in der neuen Geschäftsverbindung auf vierzig Millionen erhöht hatte. «Eine wahrhaft bemerkenswerte Frau», stellte er bewundernd fest, während er seine Geranien begoß. «Ich möchte sie kennenlernen. Mit sechs Millionen, die sie in eine völlig wertlose Firma steckte, begann sie, und nun hat sie das Geld durch den geschickten Schachzug mit der Firmenverbindung in vierzig Millionen verwandelt. Sie ist eine wahre Tigerin in Wallstreet. Welch kühler Mut! Welche fast verächtliche Einschätzung der Lage, über der sie himmelhoch zu stehen schien. Und die seltsame Verbindung zwischen einer Herzogin und Ted Holleck? – Jeanne d'Arc und der Beatle. Meiner Treu – ich erlebe noch wundersame Zeiten.»

Herr Balche zweifelte nicht einen Moment daran, daß Gloriana heimliche, aber enge Geschäftsverbindungen mit Holleck pflegte. Daß die beiden einander überhaupt nicht kannten, darauf wäre er nie gekommen. Er fühlte sich ein klein wenig hintergangen, ein bißchen übergangen. Schließlich war er doch Grand Fenwicks Interessenvertreter in den Staaten. Aber er tröstete sich, indem er sich über seine Vermittlerrolle freute, die die ganze Finanzkampagne gegen Wallstreet ins Rollen brachte und die jetzt Grand Fenwick mit Los Angeles verband. Er kannte die Menschen und sah ein, daß er als Mitwisser größte Diskretion bewahren mußte. Er beruhigte sich auch mit dem Gedanken, daß er eine bedeutende Rolle in diesem Stück gespielt hätte, wenn die ganze Sache herauskam. Bot er nicht den neutralen Boden, auf welchem die beiden machtvollen Finanz-Kämpfer aufeinandergestoßen waren? War Gloriana nicht zu ihm gekommen, als sie die Aktien verkaufen wollte? – Und hatte nicht auch Holleck ihn gebeten, die Bickster-Aktien kaufen zu dürfen? Ja, so war es. Er klaubte einige dürre Blätter aus den dicht wachsenden Geranien und entdeckte dabei, daß eine ganze Anzahl Knospen wahrscheinlich in den folgenden Tagen schon aufgehen würde.

«Ich», schmunzelte Balche, «ich war Deckmantel für diese glänzenden Transaktionen und bin nun Hüter dieses Geheimnisses, das eines Tages (der Tag wird bald kommen) die ganze Finanzwelt in ihren Grundmauern erschüttern wird.»

Es war für ihn eine Selbstverständlichkeit, Gloriana gegenüber Ted Holleck nie zu erwähnen. In seiner Korrespondenz mit der Herzogin wußte Balche jetzt nicht, welche Haltung er einnehmen sollte. Es erschien ihm kindisch, Gloriana mitzuteilen, daß ihre genialen Investitionen jetzt vierzig Millionen wert waren, wo sie doch das mit Kaltblütigkeit und Weitsicht selbst fertiggebracht hatte. Auf der anderen Seite blieb die Frage, ob er fortfahren sollte, Aktien an die neue Gesellschaft zu verkaufen. Er entschied: nein. Die letzte Anweisung der Herzogin bezog sich nur auf das Kapital der alten Westwood Coal Company. Diese Angelegenheit war eigentlich erledigt. Er hatte jetzt weitere Instruktionen abzuwarten und unterdessen mit Ted Holleck so zusammenzuarbeiten, wie es unter Gentlemen (Gloriana konnte keine andern kennen!) üblich war.

Daß Ted Holleck Glorianas Partner sein mußte, bestätigte die Tatsache, daß Ted nur so viele Anteile von Bickster and Co. beziehungsweise Westwood gekauft hatte, um die kontrollierende Mehrheit zu bekommen. Der Rest der Papiere blieb im Besitz von Grand Fenwick.

Als dann Herr Balche von Gloriana einen Brief erhielt, mit dem sie ihn bat, den erzielten Gewinn aus den Westwood-Aktien in Rimrock Oil-Papiere zu investieren, nahm er an, daß Pläne für einen neuen kühnen Feldzug geschmiedet wurden. Er kaufte wie verlangt. Sie standen auf viereinachtel und sanken prompt, als durchsickerte, daß Rimrock Bohrrechte in Portugal besaß und nach vier kostspieligen Bohrungen nichts als Salzwasser zutage förderte. Zehn Millionen waren in Aktien angelegt, die man zum Teil von Händlern, zum Teil auf dem freien Markt zusammenbrachte. Herr Balche wartete. Nichts geschah – weder in einer Woche noch in zwei Wochen. Erst nach einem Monat setzte ein weiteres Salzwasser-Ergebnis den Wert der Papiere nochmals herab. Balche war dabei, Gloriana über die Verluste zu informieren, und wollte eben den Brief absenden, als der langerwartete Anruf kam.

«Holleck» meldete sich der Anrufer. «Ich will Rimrock, und man hat mich an Sie verwiesen. Was verlangen Sie?»

«Mein Kunde hat mir keinen Verkaufsauftrag gegeben», antwortete Balche. «Möchten Sie ein Angebot machen?»

«Ja», sagte Holleck. «Ein halber Punkt über dem Marktpreis, wie immer der auch lauten mag.»

«Ich werde Verbindung mit meinem Kunden aufnehmen und Sie dann informieren. Es wird mindestens zwei Wochen dauern.»

Nach längerem Schweigen sagte Holleck: «Ich kann warten. Rufen Sie mich an, wann ich das Geld überweisen soll.»

Das selbstverständliche Vertrauen, das bei diesem Handel an den Tag kam, machte Balche lächeln und bestätigte ihm, daß Gloriana und Ted Partner waren. Als zwei Wochen später Glorianas Brief mit der Erlaubnis zum Aktienverkauf eintraf, meldete Herr Balche Ted Holleck unverzüglich, daß er die Anteile zu einem halben Punkt über dem Kurs verkaufe.

«Danke», sagte Holleck. «Ich kaufe einundfünfzig Prozent der Aktien. Mehr nicht! Ich sende Ihnen einen Scheck!»

Als der Scheck kam, erkannte Balche die Unterschrift des Kassiers von Sunrise Space. Und dann ging alles so schnell, daß Balche schwindlig wurde. Verwirrt nahm er nur noch die Resultate zur Kenntnis, ohne die Einzelheiten zu begreifen. – Sunrise Space verkündete den Zusammenschluß zwischen Rimrock Oil und Indian Head Petroleum. Die neuen Aktien fielen und kletterten kurz darauf in die Höhe, da man in Portugal endlich Öl fand. Dem Konto der Herzogin von Fenwick erwuchsen dadurch weitere fünfzehn Millionen Dollar. Insgesamt betrug ihr Vermögen gegen fünfundfünfzig Millionen Dollar.

Bickster Chicle and Coal vereinigte sich mit Monolith Productions (Filmindustrie) und mit John and Mary Publishing (Schulbücher). Die Unternehmen waren von so verschiedener Art, daß die Antitrust-Behörde keinen Grund zum Eingreifen hatte. Die vereinigten drei Gesellschaften übernahmen anschließend Western Bank and Trust.

Ganz verstand Balche diese Verschmelzungen nicht, denn sie schienen momentan keinen Gewinn zu bringen. Nachdem jedoch bekannt wurde, daß sich die Western Bank and Trust vor dem Zusammenschluß übernommen hatte und alle Gesellschaften, an denen sie Anteile besaß, Konkurs anmelden mußten, wurde das Durcheinander aufgehellt. Als Hauptgläubiger erschien nun Bickster Pinot Chicle and Coal Monolith Productions and John and Mary.

Und aus dem ganzen Finanzkuddelmuddel entstand – als sich der aufgewirbelte Staub etwas gesetzt hatte – der mächtige Block des Pinot-Konzerns, seinerseits nun ein ernstzunehmender Gegenspieler der Sunrise Space. Das Konglomerat umfaßte schlicht alles – von Schulbüchern bis zu rauchenden Hochöfen. Die Pinot-Aktie hatte den Wert von achtundfünfzig Dollars, und hinter dem Geldmoloch, der in Wallstreet und am Börsenmarkt an Bedeutung gewann, stand die junge, attraktive und geheimnisumwitterte Person, von der man in eingeweihten Kreisen mit Ehrfurcht sprach: Gloriana XII., Herzogin von Grand Fenwick.

14

Die erste Million, das weiß man, ist am schwierigsten zu verdienen. Bei der zweiten geht es schon besser, und alle andern kommen wie von selbst dazu. Im Falle Grand Fenwicks fiel die Million vom Himmel – keiner hatte etwas dafür getan. Und von da an, was die Herzogin auch unternehmen mochte, das Geld verschwinden zu lassen – das Vermögen häufte sich zu einem Himalajagebirge auf. Ohne daß es wollte, besaß das Herzogtum nun die Aktienmehrheit des Pinot-Konzerns und hatte ein wichtiges Wort bei der ebenfalls mächtigen Sunrise Space mitzureden. Es kassierte die Profite der beiden Holdinggesellschaften, die im Quartal einige Millionen ausmachten. Die Aktienkurse stiegen ständig, so daß nicht einmal Balche verläßliche Auskünfte über das amerikanische Vermögen des Herzogtums zu geben vermochte.

Gloriana war sich gar nicht im klaren darüber, welch gigantisches Kapital sie durch ihre Mißwirtschaft erworben hatte. Ihre einzige Nachrichtenquelle war die *Times,* die unregelmäßig eintraf – je nach der Laune des Busfahrers, der nach wie vor über Frankreichs Ehre wachte. Das einzige Exemplar der *Times* machte nach der Ablieferung im Schloß einen festgelegten Weg. Bentner, der Premierminister, stürzte sich auf die Sportseite, denn er war ein begeisterter Anhänger des englischen Fußballklubs Tottenham Hotspurs. Gewöhnlich sandte Mountjoy noch vor Mittag einen Butler, um die Zeitung abzuholen, damit er einen Blick auf die Hofnachrichten werfen konnte. Er bezeichnete den Adel als Vertreter der «ausländischen Intelligenz». Er las den Leitartikel, um zu sehen, worauf die englischen Kabinettsminister Wert legten, und gelegentlich schrieb er einen Brief an den Chefredakteur, um sich über das Englisch zu beklagen, in welchem ein Artikel abgefaßt war.

Es war ihm gelungen, eine monatelange Korrespondenz über den Unterschied zwischen «speziell» und «spezifisch» zu führen, wobei er gleichzeitig nie vergaß, die Benutzung von Amerikanismen zu kritisieren.

Nach Mountjoy kam die Zeitung gewöhnlich zu Gloriana, die als erstes die Kurslisten in Angriff nahm. Die einzigen Aktien, die sie interessierten, waren Westwood Coal und Rimrock Oil. Kurz nach ihrem Auftrag an Balche, die Aktien zu verkaufen, bemerkte sie, daß beide Gesellschaften in den Aktienlisten der *Times* nicht mehr auftauchten. Sie nahm an, die Firmen seien bankrott gegangen, und freute sich darüber. Zwar wußte sie über den verlorenen Betrag nicht genau Bescheid, glaubte jedoch, daß höchstens noch einige tausend Dollar von den investierten Millionen übriggeblieben wären.

Sie war etwas aufgeregt, als sie eines Tages beim Durchlesen der Kurslisten auf den Namen Pinot-Konzern stieß, dessen Aktien auf hundertfünfunddreißigeinhalb standen. Sie befragte Mountjoy, was dies auf sich habe und zeigte ihm die Liste: «Sehen Sie das an. Jemand verfügt über unsern Namen.»

«Damit müssen wir uns nicht befassen, Euer Gnaden», antwortete Mountjoy. «Pinot wird in Frankreich für viele Weine benutzt; der weiße Pinot aus der Gegend von Graves ist sogar recht trinkbar. Es gibt keinen Grund, einer amerikanischen Firma den Gebrauch des Namens zu untersagen.»

«Ich möchte nur gern wissen, was der Pinot-Konzern eigentlich herstellt», sagte Gloriana.

«Geld», antwortete Mountjoy. «Das ist der Zweck aller Handelstätigkeit.»

«Sagen Sie, Bobo», fuhr Gloriana fort, «wenn der Name einer Gesellschaft in den Listen nicht mehr erscheint, bedeutet das den Konkurs dieser Firma?»

«Nicht unbedingt», erklärte Mountjoy. «Das kann auch bei einer Fusion oder bei einer Namensänderung vorkommen. Es gibt auch noch andere Erklärungen. Aber es ist immer verdächtig, wenn ein Name aus den Listen verschwindet.»

Damit gab sich Gloriana zufrieden. Sie hatte schon seit Wochen keinen Brief mehr von Balche bekommen. Sicher würde er bald mitteilen, daß ihr Geld aufgebraucht sei. Bickster and Co. war nun auch nicht mehr in den Aktienlisten zu finden; vielleicht hatte sie ebenfalls Pleite gemacht, womit den finanziellen Schwierigkeiten des Herzogtums doch noch ein zufriedenstellendes Ende beschieden wäre.

Als die Rosen, Blumenzwiebeln und Samen eintrafen, hatte Gloriana die Genugtuung, daß wenigstens Geld genug für die Verschönerung der Schloßgärten geblieben war. Sie freute sich, als schließlich noch eine kleine, aber schwere Kiste in Salats Postauto ankam, die Dr. Kokintz' teure Spezialanfertigung enthielt. Auf der Kiste stand der Vermerk «Franko Domizil», sie brauchte sich also nicht einmal über eine fehlende Rechnung für Luftfracht Gedanken zu machen.

Kokintz nahm die Sendung hocherfreut in Empfang. Sie wurde unverzüglich ins Labor gebracht, und vier Männer hatten eine Woche lang damit zu tun, die Teile nach Kokintz' Angaben aufzustellen. Gloriana kam, um zu sehen, was da installiert worden war. Sie war enttäuscht, nur zwei hochpolierte Metallinsen vorzufinden, auf die je vier rote Quadrate gemalt waren. Die Linsen standen sich mit wenigen Zentimetern Abstand gegenüber, dazwischen hing eine Stimmgabel. (Gloriana haßte Stimmgabeln, denn ihr Vater hatte sie gezwungen, Gesangsunterricht zu nehmen, und ihr Lehrer schlug dauernd die Stimmgabel an und verlangte von ihr, den richtigen Ton nachzusingen, was ihr nie gelungen war.)

«Wozu dient das?» fragte Gloriana.

«Euer Gnaden», antwortete der Professor höflich, «wenn ich es jetzt in Worten erklären soll, dann werden Sie es nicht verstehen. Wenn ich Ihnen hingegen die Resultate demonstriere, sehen Sie gleich, worum es sich handelt.»

«Aber sagen Sie mir wenigstens, ob es etwas mit Licht, Wärme oder Schall zu tun hat», bat Gloriana, die gerade noch so viel aus den Physikstunden ihrer Jugendzeit behalten hatte.

«Licht, Wärme und Schall», sagte Kokintz lächelnd, «waren einst fein säuberlich getrennt. Jetzt drücken sie alle das gleiche aus. Na ja, von den dreien hat es am meisten mit Schall zu tun.»

Damit mußte sich Gloriana begnügen. Sie wandte sich ihren neuen Rosen zu und faßte ein großes Gartenfest ins Auge, zu welchem jedermann eingeladen würde, um die Blumenpracht auf dem Schloßgelände zu genießen.

Gloriana bemerkte die leisen Anzeichen nicht, die die Bombe zum Platzen bringen sollten. Eines schönen Tages erhielt sie einen Brief – von der Londoner *Times*. Sie dachte, es sei die Rechnung für das Abonnement, die immer in einem steingrauen Umschlag mit dem diskreten Prägedruck *Times* zugesandt wurde. Doch dann sah Gloriana, daß der Umschlag an sie persönlich adressiert war. Sie öffnete ihn voll freudiger Erwartung und fand darin einen kurzen Brief des Wirtschaftsredakteurs, der sie um ein Interview über ihre amerikanischen Unternehmen bat. Er schrieb:

Euer Gnaden haben sicher bemerkt, wie sehr man Sie in Finanzkreisen bewundert, und wie Ihre kühnen Schritte nicht nur die New Yorker, sondern auch die Londoner Börse aufgerüttelt haben. Ihr Einzug in die Finanzwelt ist kein Geheimnis mehr, und es wäre uns ein Vergnügen, mit Ihnen Investitionstheorien zu erörtern und Ihre Meinung über die Zukunft großer Konzerne und Konglomerate zu hören. Was halten Sie, verehrte Herzogin, von den kleineren Anlagefonds, für die sich verschiedene Spekulanten interessieren?

Gloriana war sehr erstaunt und sah sich erneut den Umschlag an, um festzustellen, ob der Brief wirklich an sie adressiert sei. Sie hatte keine Ahnung, was zum Beispiel Konglomerat zu bedeuten hatte. Es klang, als ob Kokintz darüber Bescheid wissen müßte. Vielleicht war es eine Sammlung geleeartiger Substanzen, die Froscheiern glich? Und Anlagefonds? Es gab da doch eine Versicherungsgesellschaft auf Gegenseitigkeit, aber mit der hatte sie niemals etwas zu tun gehabt. Gewiß handelte es sich um ein Mißverständnis.

Sie behielt den Brief drei Tage, ohne ihn zu beantworten. Mountjoys Verzögerungstaktik hatte sich schon oft als Vorteil herausgestellt, und deshalb wollte sie diese nun wieder einmal anwenden. Dann entschloß sie sich, doch jemanden in das Geheimnis einzuweihen, wie sie versucht hatte, die Millionen durch Spekulation an der Börse zu verlieren.

So erzählte sie es ihrem Gemahl beim Frühstück. Er verschluckte sich zwar beinahe an einem Stück gebutterten Toast, erlitt aber sonst keinen Schaden, als sie ihm versicherte, daß es ihr gelungen sei, sich in den letzten sieben Monaten das Geld vom Halse zu schaffen.

Ein bißchen nervös sprach sie danach mit Mountjoy. Sie war direkt zu ihm ins Arbeitszimmer gegangen, statt ihn rufen zu lassen, wie es eigentlich der Brauch gewesen wäre. Aber sie wußte, daß er weniger böse wurde, wenn sie zu ihm kam, falls sie etwas Dummes gemacht hatte. Sie war nun plötzlich nicht mehr so sicher, ob sie überhaupt berechtigt war, an der amerikanischen Börse zu spekulieren. Mountjoy war entsprechend bestürzt. Er wurde bleich, und für Augenblicke – nur für Augenblicke – fehlten ihm sogar die Worte, um seinen Empfindungen Ausdruck zu verleihen.

«... und so bin ich alles losgeworden», beeilte sich Gloriana zu erklären, «und nun trifft dieser komische Brief von der *London Times* ein. Was meinen Sie, was ich damit machen soll?»

Mountjoy übersah den Brief einstweilen. «Euer Gnaden», rief er, «es überwältigt mich. Ich kann nur in schweigender Ergriffenheit meine Bewunderung ausdrükken. Bei all meiner Erfahrung und meiner Belesenheit ist mir etwas Großartigeres noch nie vorgekommen.»

«Oh, ich habe also nichts falsch gemacht», murmelte Gloriana und errötete anmutig.

«Euer Gnaden, dieser Streich trug geniale Züge. Und so einfach! Wie läßt man eine Riesensumme verschwinden, ohne das finanzielle Gleichgewicht anderer zu zersetzen? Man kauft ganz einfach die schlechtesten Aktien, die man an der Börse auftreiben kann. Und wenn man das Geld in Papiere steckt, zu denen niemand Vertrauen hat, dann ist das Geld tatsächlich dahin. Und niemand ist im geringsten geschädigt. Ich bin beschämt, verehrte Herzogin. Das ist die klassische Lösung, die ich Ihnen hätte vorschlagen sollen. Nun haben Sie mir gezeigt, wie man es macht.»

«Wollen Sie Bentner darüber Bescheid sagen?» fragte Gloriana. «Sie können es ihm besser erklären als ich.»

«Es wird mir eine Freude sein», sagte Mountjoy verbindlich.

«Und was ist mit dem Brief? Warum will die *Times* von mir ein Interview?»

«Euer Gnaden, Sie haben eine solche Genialität in Finanzdingen bewiesen, daß dies wahrscheinlich nur der erste von vielen Briefen ist, die Sie erhalten werden. Denken Sie doch daran, daß jedermann an der Börse verdienen will. Es ist das erstemal in der Geschichte, daß die Börse dazu benutzt wurde, absichtlich Geld zu verlieren. Zufällig haben Sie den Weg entdeckt, die Inflation aufzuhalten, die allen Regierungen große Sorgen bereitet. Es wird nicht mehr länger nötig sein, die unermeßlichen Steuereinnahmen zu verschachern. Man wird fröhlich die Steuern hinaufsetzen, weil man nun bei der Regierung weiß, wie man das Geld los wird. Sie haben eine Methode entdeckt, überflüssiges Geld auf die Seite zu räumen, das die weitere Inflation nur ankurbeln würde.

Selbstverständlich müssen Sie der *Times* das Interview gewähren. Keynes' Theorien über eine defizitäre Finanzierung verblaßt neben der Entdeckung Ihrer Methode, den Geldumlauf herabzusetzen.»

«Also gut. Aber was sind Konglomerate? Das ist es, worüber die *Times* mich befragen will», beharrte Gloriana.

Mountjoy nahm den Brief und las ihn durch. «Euer Gnaden, Sie haben nichts zu befürchten. Ich will Ihnen die Begriffe erklären, die im Laufe des Interviews auftauchen werden, wenn Sie es wünschen. Was das Konglomerat angeht, so ist dieser Ausdruck mit der einfachen alten

Bauernregel erklärt: ‹Leg nicht alle Eier in den selben Korb.› Wallstreet denkt nicht anders, als die Bauern es seit Jahrhunderten tun. Kurz, es ist sicherer, wenn man nicht alles nur auf eine Karte setzt.»

Gloriana, die nicht wußte, daß ihr Name in der Finanzwelt mit Achtung und Bewunderung ausgesprochen wurde und in Finanzblättern wie *Baron's Weekly Fortune* erschien, schrieb nach London, daß das Interview stattfinden könne.

15

Jack Sweeting, Wirtschaftsredakteur der *Times,* zitterte ein wenig beim Gedanken an Gloriana. Als echter Engländer zeigte er Damen gegenüber eine gewisse Galanterie, vorausgesetzt (und das kommt heute häufig vor), sie hatten ihre Weiblichkeit beibehalten und sie nicht zugunsten von Intelligenz und Gelehrsamkeit aufgegeben. Solchen Frauen gegenüber war er nervös, um nicht zu sagen verschreckt, und seine Haltung war dann von kühler Höflichkeit.

Er hatte angenommen, Gloriana XII. von Grand Fenwick sei eher eine solche Frau – ein bedauernswertes Produkt der Londoner Handelshochschule (einer düsteren Einrichtung, die selbst in der Sommerhitze einen eisigen Schauer auf das Themseufer warf), und nicht diese anziehende Persönlichkeit aus Elizabeth Ardens Schönheitssalon.

Er fand die Herzogin nun äußerst charmant, lieblich, gütig, witzig und voller Grazie. Sie bereitete ihm den Tee (Twining Nummer 2 war ihr als Sorte von Mountjoy empfohlen worden) persönlich und führte ihn durch das Herzogtum, das an diesem Vorfrühlingstag einem traumhaften kleinen Paradies nicht unähnlich war.

Jack Sweeting war ein Nationalökonom von Weltruf, aber er war auf dem Land aufgewachsen und gehörte der Generation Engländer an, die sich noch an das englische Landleben zwischen den beiden Kriegen erinnern konnte. Grand Fenwick erinnerte ihn an diese vergangene Zeit

Englands. Er sah weißlockige Schafe mit dickem Vlies, die auf den frisch ergrünten Wiesen weideten. Er vernahm langvergessene Geräusche, wie das der langsam fahrenden Bauernkarren auf holprigen Straßen, das Gezwitscher der Spatzen in den Hecken und den langanhaltenden Pfiff des Brachvogels. Er nahm die ländliche Stille wahr, in welcher man den Wind durch dürre Grashalme streifen hörte, und freute sich über die Weißdornzweige, die überall lichtes Grün anzusetzen begannen. Er war bald so von Gloriana und ihrem Ländchen eingenommen, daß sie seine Fragen mit komplettem Unsinn hätte beantworten können und er hätte daraus – wenn keine Perlen der Weisheit – Körner der Wahrheit gemacht.

Tatsächlich war Gloriana aber dem Interview durchaus gewachsen. Einige Sätze und Ausdrücke hatte sie unter Mountjoys Anleitung auswendig gelernt. So meinte sie, vermuten zu dürfen, daß die Vereinigten Staaten in absehbarer Zeit ihre Antitrust-Gesetzgebung zugunsten der Konglomerate etwas lockern würden, um gewisse ungesunde Manipulationen zu verhindern. Auch war sie der Ansicht, daß die Investition von Geld in fremden Märkten die dortigen nationalen Industrien anregen könnte, was insbesondere im Konkurrenzkampf mit den kommunistischen Industrieblöcken von Bedeutung werden dürfte. Zur Währungspolitik befragt, äußerte sie die Meinung, daß mehrere kursstabile Leitwährungen dem internationalen Handel und der Produktion äußerst dienlich wären.

«Wenn Handel international ist, dann brauchen wir auch ein internationales Geld», sagte sie. «Möchten Sie noch eine Tasse Tee, Mr. Sweeting? Ich fürchte, Ihre ist bereits abgekühlt.»

Mr. Sweeting nahm dankend eine Tasse Tee an und fragte, welche Geldeinheit Gloriana sich vorstellte.

Gloriana wußte Bescheid. Mountjoy hatte immer den Schweizer Franken als Muster hingestellt, da die Neutralität des Landes und die große Erfahrung der Schweizer Bankiers ihm den Stempel der sicheren Währung aufgedrückt hatten. Sie nannte also den Franken, gab dann aber eher verworrene Antworten, denn Gloriana wußte sehr wenig über Währungen und noch weniger über den portugiesischen Escudo, den Sweeting ins Gespräch warf. Aber sie wies klugerweise auf die Hausfrau hin, für die es in internationalen Städten sehr hinderlich wäre, die Wäschereirechnung mit japanischen Yen, Kleider mit französischen Francs und das Fleisch mit englischen Pfunden zu bezahlen.

«Bedeutet die Europäische Wirtschaftsgemeinschaft einen Schritt in der Richtung, die Sie vorschlagen?» fragte Sweeting.

«Gewiß», antwortete Gloriana, die über diese Institution nichts wußte, außer daß man sie allgemein als lobenswert bezeichnete.

«Wäre Grand Fenwick an einem Beitritt zur Europäischen Wirtschaftsgemeinschaft interessiert?»

Gloriana warf Mountjoy einen hilfesuchenden Blick zu. Sie wußte wirklich nicht, wie sie diese Frage beantworten sollte.

«Grand Fenwick wäre in der EWG fehl am Platz», kam ihr der Graf zu Hilfe. «Wein und Wolle, unsere einzigen beiden Produkte, haben einen konkurrenzlosen, eigenen Markt gefunden. Wir brauchen die Zusammenarbeit und Hilfe anderer Nationen nicht. Gemeinsame Märkte entstehen aus gemeinsamen Problemen. Wirtschaftlich gesehen, haben wir keine gemeinsamen Probleme mit anderen Nationen.»

Sweeting hoffte, Mountjoy würde ihn endlich mit der

Herzogin allein lassen, damit er sie intensiver über ihre Investitionsmethoden befragen könnte. Doch der Graf blieb unbeirrbar an ihrer Seite.

«Sie haben eine bemerkenswerte Kenntnis der New Yorker Börse gezeigt, und Ihre waghalsigen Spekulationen haben große Bewunderung erregt. Können Sie in ein, zwei Sätzen Ihre Theorien umreißen?»

Gloriana gab die auswendig gelernte Antwort zum besten: «Ich halte die Einstellung für richtig, daß jeder, der sich vornimmt, an der Börse zu spekulieren, gleichzeitig auch den Vorsatz haben sollte, Geld dabei zu verlieren», erwiderte Gloriana. «Ich kann mir nicht vorstellen, daß eine andere Einstellung Erfolg bringen wird.» Mr. Sweeting lächelte. Sie wollte also nicht heraus mit der Sprache.

«Sie haben also an der Börse investiert mit dem Vorsatz, alles zu verlieren?» fragte er.

«Ja, natürlich», sagte Gloriana. «Das habe ich keinen Augenblick vergessen. Ich investierte und investierte. Sie wissen ja, was dann geschah.»

«Die Welt weiß es», sagte Sweeting. «Das Meisterstück des Jahrhunderts. Ich nehme aber doch an, daß Sie den Markt vorher gründlich studiert hatten.»

«Nein», erwiderte Gloriana. «Das kann ich nicht behaupten. Ich hatte nur ein Ziel vor Augen, das ich konsequent verfolgte, bis ich es erreicht hatte. Das ist eigentlich alles, was ich darüber sagen kann. Ich finde nicht, daß ich etwas Außergewöhnliches geleistet habe.»

«Im Zusammenhang mit Ihrem Auftreten in Wallstreet wurde der Name eines hervorragenden amerikanischen Finanziers erwähnt. Trifft es zu, daß Sie mit Ted Holleck eng zusammenarbeiten?»

«Ted wer?»

«Holleck.»

«Ich habe noch nie von ihm gehört», sagte Gloriana aufrichtig. «Mein Vertrauensmann in den Vereinigten Staaten ist ein Herr Joseph Balche. Er ist es auch, der mir all die Sämereien geschickt hat.»

«Sämereien?»

«Ja, Samen und Blumenzwiebeln. Und die neuen Rosen, die ich Ihnen im Garten zeigte.»

Sweeting, etwas in Verlegenheit gebracht, wiederholte dennoch seine Frage: «Sie sind sicher, daß Sie den Namen Holleck nicht kennen? Er verfolgte fast das gleiche Investitions-Programm wie Sie selbst.»

«Ich habe wirklich nie von ihm gehört. Und wenn er das gleiche Programm ausführte wie ich, dann hatte er vielleicht auch die gleiche Methode angewandt wie ich.»

«Können Sie mir diese Methode zeigen?» fragte Sweeting, um endlich ins Zentrum des Interviews vorzustoßen.

Als Antwort – sie ignorierte dabei Mountjoys Anwesenheit – legte Gloriana die Finanzseite der *Times* auf den Tisch, zog eine Stecknadel aus der Armlehne ihres Sessels und stach mit geschlossenen Augen aufs Papier.

Sweeting lachte. «Ich hätte vielleicht die Frage nicht stellen dürfen. Diese Antwort ist so gut wie keine.»

Damit war das Interview beendet. Sweeting fuhr in seinem Mietwagen nach Marseille zurück und flog von dort nach London. Den ganzen Abend lang saß er über seinen Notizen und verarbeitete sie zu einem Interview, von dem er hoffte, daß es seine Leser von der reizvollen Person der Herzogin und ihren unglaublichen Fähigkeiten in bezug auf Finanzen überzeugen werde.

Es gelang ihm großartig. Am Dienstag war der Text fertig, aber da die *Times* nichts mehr verachtet als Hast, erschien er erst am darauffolgenden Montag. (Nur Klatschgeschichten sind dringend – Wahrheiten haben bleibenden

Wert.) Die Montagsausgabe der *Times* erreichte Grand Fenwick erst am Mittwoch der folgenden Woche. Salat war wütend, weil sich England in Friedensverhandlungen gegen Paris gestellt hatte, und Salat betrachtete Grand Fenwick als Alliierte Großbritanniens. So vergingen acht angenehme Tage, die Gloriana mit Rosenpflege verbrachte, bevor die Bombe platzte.

Zuerst kam die Zeitung, wie es sich gehörte, zu Bentner, dem Premierminister. Er übersah das Interview vollständig, da er die Wirtschaftsseite überhaupt nie anguckte. Er beschäftigte sich mit Cricket und mit einer alten Technik des Kegelschiebens, die seit einigen Jahren wieder in Kurs gekommen war und heute Kontroversen auslöste. Danach sollte die Zeitung zu Mountjoy gebracht werden, aber Bentner trug sie zu Dr. Kokintz, um ihm die Reportage über die französische Jupiter-Rakete zu zeigen. Sie würde drei Jahre brauchen, um zum Planeten zu reisen, aber Kokintz wunderte sich viel mehr über das französische Kabinett, dem es gelungen war, zwölf Monate zu überdauern.

Kokintz war gerade mit dem Experiment (mit den zwei geschliffenen Metallteilen und der Stimmgabel) beschäftigt und legte die *Times* beiseite. Mountjoys Sekretär suchte im ganzen Schloß herum, bis er die Zeitung unter einem kuriosen Gegenstand fand, den Kokintz als Briefbeschwerer benutzte. Nachdem Mountjoy die Auslandnachrichten überflogen und ihm die politischen Ereignisse im Balkan manchen Seufzer entlockt hatten, schlug er die Finanzseiten auf. Hier entdeckte er das Interview mit der Herzogin. Unter einem zweispaltigen Bild Ihrer Gnaden im vollen Ornat fand er den Text, der sich über anderthalb Spalten hinzog. Als er den vierten Absatz zu lesen begann, durchfuhr ihn gelinder Schrecken.

Hier las er schwarz auf weiß, daß die Herzogin Gloriana XII., welche durch ihren massiven Überfall auf amerikanische Aktien die Welt in Staunen versetzte, das Herzogtum zum bedeutendsten Teilhaber der beiden amerikanischen Milliarden-Dollar-Konglomerate Sunrise Space und Pinot-Konzern gemacht hatte. Das Vermögen des Herzogtums wurde auf etwa siebenhundert Millionen Dollar geschätzt und nahm täglich an Wert zu.

Konsterniert las Mountjoy den Artikel noch einmal langsam durch, dann griff er mit bebender Hand nach dem Telephon. «Verbinden Sie mich mit Mr. Jack Sweeting bei der *London Times*», sagte er.

«Ich bedaure», sagte die Dame von der Vermittlung. «Aber wie Eure Exzellenz wissen, haben wir keine Verbindung mit dem Ausland.»

Mountjoy legte den Hörer auf die Gabel zurück. Er starrte auf die Zeitung, die seinen zitternden Händen entfallen war und nun auf dem Schreibtisch lag. Siebenhundert Millionen Dollar. Sein Gehirn schien sich zu verflüssigen. Er fuhr sich mit der Hand über die Augen, als wollte er einen Zauberschleier abstreifen, der sich zwischen ihn und die Wirklichkeit gelegt hatte. Durch irgendwelche magischen Kräfte, die sich der Kontrolle der Herzogin entzogen, die er selbst nicht zu beeinflussen vermochte und die wahrscheinlich in ganz Grand Fenwick niemand lenken konnte, war das Herzogtum Erbe eines Vermögens geworden, dessen Gegenwert dem nationalen Gesamtbudget von siebentausend Jahren entsprach.

«Mein Gott», schrie er auf. «Das ist der Fluch des Midas. Was wir auch anfassen, es wird zu Gold.» Er erhob sich. «Unmöglich», sagte er laut. «Unmöglich! Die *Times* hat sich geirrt.»

Doch sofort war ihm wieder bewußt, daß sich die *Times* niemals einen Schnitzer erlaubte.

16

Die Nachricht war zu erschreckend, als daß man sie gleich hätte akzeptieren können. Sie mußte zurückgewiesen, heruntergemacht, als unglaubwürdig und tadelnswert bezeichnet werden, bevor sie so alltäglich geworden war, daß Gloriana, Mountjoy und Bentner in der Lage waren, sie zu bewältigen. Gloriana sagte, es sei ein übler Scherz, den man sich mit dem Herzogtum erlaube, und sie habe die Absicht, die *Times* zu verklagen. Bentner sah darin den faulen Trick eines Kapitalisten, der, um den Stand seiner wertlosen Aktien zu verheimlichen, feierlich erklärte, die Aktien hätten sich in ein Vermögen verwandelt. Mountjoy verbrachte Stunden damit, herauszutüfteln, welche Hintertürchen wohl bei der *Times* benutzt wurden, und ging immer und immer wieder die Kurslisten durch, von denen Coal and Carriage ganz verschwunden war. Er verglich die Daten der Briefe Glorianas an Herrn Balche mit der Zeitung und verkündete entschlossen, der *Times* sei ein fürchterlicher Irrtum unterlaufen, denn das Unternehmen, in welches Gloriana das Geld anfänglich gesteckt hatte, sei eingegangen.

Nur Tully Bascomb war bereit, der Wahrheit ins Auge zu schauen. Er verlangte, daß man, statt eigenen Theorien nachzuhängen, von Balche eine Aufstellung über das amerikanische Vermögen verlangen müsse, bevor man irgendwelche anderen Schritte unternehme.

Die Angelegenheit war so ernst, daß der Staatsrat beschloß, ein Telegramm aufzugeben. Bentner fuhr persönlich nach Frankreich, denn dem temperamentvollen Salat wollte man einen so wichtigen Auftrag nicht anvertrauen. Aus der Antwort von Herrn Balche ging klipp und klar hervor, daß Grand Fenwick nun umfassende Beteiligungen in allen wichtigen Industriezweigen der Vereinigten Staaten hatte, von Bleiminen bis zu Unternehmen, die der Raumfahrt dienten. Das Vermögen des Herzogtums ging auf wie ein Hefeteig im warmen Ofen, und Balche gab der Meinung Ausdruck, daß das Herzogtum bis Jahresende Aktien im Werte von knapp einer Milliarde Dollar besitzen werde.

Dies war die furchtbare Wahrheit, die der Nation in einer eilends einberufenen Sitzung des Bürgerrates vorgelegt werden mußte. Gloriana war in Tränen. Sie betonte, es sei alles ihre Schuld, sie habe versagt. Statt auftragsgemäß sich des Geldes zu entledigen, hatte sie es so vermehrt, daß es nun praktisch unmöglich war, es jemals loszuwerden. Tully und Mountjoy trösteten sie mit den Worten, daß sie ihr Bestes getan und das Resultat ihrer Anstrengungen sich ihrer Kontrolle entzogen habe, daher sei sie an dem Verhängnis nicht schuldig.

«Ob wir es nun schätzen oder nicht», lautete Bentners Kommentar, «wir sind alle Millionäre. Man wird ganz krank, wenn man daran denkt, daß dieses Vermögen ohne einen Streich Arbeit innerhalb von wenigen Monaten entstanden ist.»

«Und ich wollte es loswerden», schluchzte Gloriana.

«Sicher, Ma'am», erwiderte Bentner, «aber unter den kapitalistischen Wölfen der Wallstreet hatten Sie keine Chance.» Und er warf dem Grafen von Mountjoy einen höchst feindseligen Blick zu. Eigentlich war das ganze eine herrliche Parodie; Gloriana als Wölfin in Wallstreet! Mountjoy war über den giftigen Blick Bentners erfreut;

so war es richtig – Kapital gegen Arbeit. So bleibt die Regierung gesund. Wenn sich die Kapitalisten und Arbeiter einer Nation verbrüderten, das wußte er, war sie dem Untergang geweiht.

«Ich bin der Meinung, daß die Regierung selber die Verantwortung für diese Katastrophe auf sich nehmen sollte», sagte Mountjoy und beobachtete mit Genugtuung, wie Bentner sich wand. «Die Alternative wäre, Ihrer Gnaden die Verantwortung zuzuschieben – kein Gentleman, überhaupt kein Mann würde so etwas auch nur erwägen.» Eigentlich war er sehr froh. Wenn Bentner verantwortlich gemacht wurde, dann bestand die Möglichkeit, ihn bei den nächsten Wahlen zu stürzen. Der Posten eines Führers der Opposition war nicht ganz nach Mountjoys Geschmack. Aber Gloriana wollte davon nichts hören.

«Die Aufgabe wurde mir übertragen», sagte sie. «Ich nahm sie freiwillig auf mich, und ich habe versagt. Nun bin ich diejenige, die vor das Volk treten und ihm erklären muß, was genau vorgefallen ist.»

Und das tat sie an der nächsten Sondersitzung des Bürgerrates. Sie setzte den Männern ihre Pläne und Bemühungen, das Geld zu eliminieren, auseinander und vertrat ihren Standpunkt ausgezeichnet. Sie erwähnte die Summen, die gewöhnlich verlorengingen, wenn der Spekulant nichts von der Sache verstehe. Sie versicherte, daß keinerlei Kenntnisse ihr Vorhaben getrübt hätten, und legte die Sache mit der Stecknadel und der *Times* dar. Sie erzählte voller Stolz von dem glücklichen Tag, an dem sie las, sie habe vier Millionen verloren. Ringsum erfolgte gedämpfter Applaus, nur einigen Hochlandbauern, die nur eben genug zum Leben hatten, stieg das Blut in den Kopf.

Als Gloriana darüber berichtete, wie sie beim Kauf der wertlosen Aktien der Westwood Coal anstatt vier Millio-

lich nach Frankreich, denn dem temperamentvollen Salat wollte man einen so wichtigen Auftrag nicht anvertrauen.

Aus der Antwort von Herrn Balche ging klipp und klar hervor, daß Grand Fenwick nun umfassende Beteiligungen in allen wichtigen Industriezweigen der Vereinigten Staaten hatte, von Bleiminen bis zu Unternehmen, die der Raumfahrt dienten. Das Vermögen des Herzogtums ging auf wie ein Hefeteig im warmen Ofen, und Balche gab der Meinung Ausdruck, daß das Herzogtum bis Jahresende Aktien im Werte von knapp einer Milliarde Dollar besitzen werde.

Dies war die furchtbare Wahrheit, die der Nation in einer eilends einberufenen Sitzung des Bürgerrates vorgelegt werden mußte. Gloriana war in Tränen. Sie betonte, es sei alles ihre Schuld, sie habe versagt. Statt auftragsgemäß sich des Geldes zu entledigen, hatte sie es so vermehrt, daß es nun praktisch unmöglich war, es jemals loszuwerden. Tully und Mountjoy trösteten sie mit den Worten, daß sie ihr Bestes getan und das Resultat ihrer Anstrengungen sich ihrer Kontrolle entzogen habe, daher sei sie an dem Verhängnis nicht schuldig.

«Ob wir es nun schätzen oder nicht», lautete Bentners Kommentar, «wir sind alle Millionäre. Man wird ganz krank, wenn man daran denkt, daß dieses Vermögen ohne einen Streich Arbeit innerhalb von wenigen Monaten entstanden ist.»

«Und ich wollte es loswerden», schluchzte Gloriana.

«Sicher, Ma'am», erwiderte Bentner, «aber unter den kapitalistischen Wölfen der Wallstreet hatten Sie keine Chance.» Und er warf dem Grafen von Mountjoy einen höchst feindseligen Blick zu. Eigentlich war das ganze eine herrliche Parodie; Gloriana als Wölfin in Wallstreet! Mountjoy war über den giftigen Blick Bentners erfreut;

so war es richtig – Kapital gegen Arbeit. So bleibt die Regierung gesund. Wenn sich die Kapitalisten und Arbeiter einer Nation verbrüderten, das wußte er, war sie dem Untergang geweiht.

«Ich bin der Meinung, daß die Regierung selber die Verantwortung für diese Katastrophe auf sich nehmen sollte», sagte Mountjoy und beobachtete mit Genugtuung, wie Bentner sich wand. «Die Alternative wäre, Ihrer Gnaden die Verantwortung zuzuschieben – kein Gentleman, überhaupt kein Mann würde so etwas auch nur erwägen.» Eigentlich war er sehr froh. Wenn Bentner verantwortlich gemacht wurde, dann bestand die Möglichkeit, ihn bei den nächsten Wahlen zu stürzen. Der Posten eines Führers der Opposition war nicht ganz nach Mountjoys Geschmack. Aber Gloriana wollte davon nichts hören.

«Die Aufgabe wurde mir übertragen», sagte sie. «Ich nahm sie freiwillig auf mich, und ich habe versagt. Nun bin ich diejenige, die vor das Volk treten und ihm erklären muß, was genau vorgefallen ist.»

Und das tat sie an der nächsten Sondersitzung des Bürgerrates. Sie setzte den Männern ihre Pläne und Bemühungen, das Geld zu eliminieren, auseinander und vertrat ihren Standpunkt ausgezeichnet. Sie erwähnte die Summen, die gewöhnlich verlorengingen, wenn der Spekulant nichts von der Sache verstehe. Sie versicherte, daß keinerlei Kenntnisse ihr Vorhaben getrübt hätten, und legte die Sache mit der Stecknadel und der *Times* dar. Sie erzählte voller Stolz von dem glücklichen Tag, an dem sie las, sie habe vier Millionen verloren. Ringsum erfolgte gedämpfter Applaus, nur einigen Hochlandbauern, die nur eben genug zum Leben hatten, stieg das Blut in den Kopf.

Als Gloriana darüber berichtete, wie sie beim Kauf der wertlosen Aktien der Westwood Coal anstatt vier Millionen Dollar zu verlieren, deren Hunderte gewonnen hatte, fiel einer der Hochlandbauern in Ohnmacht und mußte hinausgetragen werden.

«Ich stehe nun als Herrscherin meines Volkes vor Ihnen», beendete Gloriana tapfer ihren Vortrag, «um mein Versagen einzugestehen.»

Was Gloriana auch noch sagen wollte, sie kam nicht mehr dazu. Die Ratsherren waren aufgesprungen, und Glorianas Worte gingen in den Hochrufen unter, die angestimmt wurden. «Lang lebe Herzogin Gloriana die Zwölfte!»

Hätten die Leute nicht so viel Respekt vor ihrer Herrscherin gehabt, sie hätten sie auf die Schultern gehoben und durch die Straßen getragen. In der ganzen Menschheitsgeschichte war so etwas noch nie passiert, jede Familie des Landes durfte sich als Millionär betrachten!

Alle Zurückhaltung schmolz dahin, jede Erinnerung an das Unglück, das die Verteilung des ersten Kaugummigeldes mit sich brachte, war vergessen. Eine Million für jede Familie in Grand Fenwick? Da war kein einziger Ratsherr, außer Mountjoy, der sich nicht bereits als Weltumsegler auf seiner Privatyacht sah!

Es war Mountjoy, der sie wieder zur Vernunft brachte. Er bat den Sprecher des Hauses ums Wort, verbeugte sich höflich vor der Herzogin und erklärte als Führer der Opposition, daß seine Partei nicht die leiseste Absicht hege, auch nur einen Cent des Vermögens der einheimischen Wirtschaft zukommen zu lassen. Bentner gab mit erstickter Stimme eine gleiche Verlautbarung von sich, worauf ein zweiter Hochländer in Ohnmacht fiel. Aber Bentner erinnerte sich nur zu genau an seine trüben Erfahrungen mit Reichtum, und er schloß sich Mountjoys Ausführungen an. Er sagte, die Regierung müßte nach neuen Gesichtspunkten konstituiert werden, bevor das Geld unter die Leute verteilt werden könne.

«Was würdet ihr davon haben?» fragte er. «Ihr, die ehrlichen Arbeiter, die sich von ihrer Hände Arbeit ernähren? Glaubt ihr, ihr wäret glückliche Familien mit einem netten Haus, die in Eintracht und Freundschaft mit ihren Nachbarn leben? Nein. Ihr würdet ein Volk von Wildschweinen. Champagner in den Badewannen und neue Frauen für alle, die eine haben wollen. So würde es herauskommen!»

Die Erwähnung der «neuen Frau» entlockte einigen Abgeordneten auf den Hinterbänken vulgäre Zwischenrufe, aber die Leute begannen langsam, mit dem Sinn der Worte vertraut zu werden. Bentner war kein begnadeter Redner, doch sprach er in jenen unverblümten Ausdrücken, die auch einfache Menschen vom Land sehr wohl verstanden.

«Du, Ted Williams», sagte er und deutete auf einen Mann, der ihm gegenübersaß. «Wieviel Schulden hast du nach der letzten Geldverteilung gehabt?»

«Fünfundsiebzig Pfund», antwortete Williams, ohne Verlegenheit zu zeigen.

«Und was schuldest du jetzt?»

«Nichts. Ich habe alles abgezahlt.»

«Und zwar mit Geld, das du selbst verdient hast, so daß du auf eigenen Beinen stehst», sagte Bentner. «Du hast nicht mit Geld gezahlt, das dir in den Schoß gefallen ist und das dich verleitet, weiter Ausschau zu halten, ob dir noch mehr davon zufällt. Wir sind Männer in Grand Fenwick und keine Hunde. Wir leben nicht von den Krümeln, die vom Tisch der Finanzleute fallen. Wir leben durch die Kraft unserer Arme und die Güte unseres Bodens. Und wenn wir dabei bleiben, dann wird es immer ein Grand Fenwick geben, was auch in der Welt geschehen mag. Und solange es ein Grand Fenwick gibt, besteht Hoffnung für die Welt und den Rest der Menschheit.»

Es war eine der besten Reden, die Bentner je gehalten hatte. Freudigen Herzens schloß sich auch Mountjoy der klatschenden Menge an. Aber Bentner war noch nicht fertig.

«Ihr werdet mich fragen, was wir mit dem Geld tun sollen», fuhr er fort. «Ihr habt ein Recht darauf, diese Frage zu stellen. Ich habe die Antwort; manche Nacht habe ich sie mir überlegt. Wir werden das tun, was die Vereinigten Staaten auch schon getan haben – wir werden es vergraben. Wir werden all die Aktien, die wir gar nicht wollen, verkaufen, und dann werden wir all die Dollars, die wir auch nicht wollen, in Ballen zusammenbündeln und in den Verliesen des Schlosses aufbewahren. Dann können wir weiterarbeiten, wie wir es zuvor getan haben.»

Dieser Vorschlag wurde nach heißer Debatte in Form eines Antrages vorgelegt und genehmigt. Bevor es soweit war, wurden einige Gegenvorschläge gemacht; unter anderem der, die Aktien zu einem Penny pro Stück zu verkaufen. Mountjoy stellte aber sofort klar, daß die amerikanischen Börsen in diesem Fall einen enormen Schock erleiden und unschuldige Sparer geschädigt würden.

«Es gibt auch unschuldige Kapitalisten», erklärte er mit einem Seitenblick auf Bentner. «Ältere Leute zum Beispiel, die ihre Ersparnisse in Aktien angelegt haben und durch Machenschaften dieser Art über Nacht ruiniert würden. Wir haben nicht das Recht, unsere Mitmenschen so roh zu behandeln.»

«Der plötzliche Verkauf der Aktien wird sich an der Börse sowieso negativ bemerkbar machen», wandte jemand ein.

Aber Mountjoy schlug vor, die Aktien, wenn möglich,

privat abzusetzen und unnötige Eile zu vermeiden. Der Gedanke, daß Ballen von Tausend-Dollar-Scheinen im Verlies liegen sollten, gefiel ihm nämlich auch nicht recht. «Das ist viel zu gefährlich», sagte er. «Zweifellos würden internationale Gangsterbanden versuchen, an das Geld heranzukommen. Ich schlage vor, daß das Geld in einer Schweizer Bank deponiert wird.» Doch sein Vorschlag fand kein Gehör.

Es wäre ganz im Sinne des Volkes von Grand Fenwick, das Geld in Haufen im Schloßverlies aufzuheben, denn hier könne man es im Auge behalten. Man dürfe jederzeit hingehen und einen Blick darauf werfen, und das werde jedem ein angenehmes Gefühl vermitteln, meinte ein Abgeordneter. Es wäre doch hübsch, jederzeit ein ansehnliches Sümmchen Bargeld in Bereitschaft zu haben.

Schließlich schwenkte Mountjoy mit einem Augenzwinkern auf den Kurs der Opposition ein, und die historische Beratung schloß mit dem Entscheid: das Vermögen muß flüssig gemacht und das Geld in Noten eingekellert werden. Man drückte der Herzogin tiefe Dankbarkeit aus und ließ sie dreimal hochleben.

«Sie ist ein wahres Genie», sagte ein Ratsherr. «Wie froh sind wir, eine solche Herrscherin zu haben. Nicht jeder kann vier Millionen in vier Wochen verlieren und hernach Hunderte gewinnen.»

«Weißt du», sinnierte sein Kollege, «es ist da etwas zwischen ‹Frauen und Geld›. Sie verstehen zwar nichts davon. Frauen glauben, es sei etwas, das sie brauchen, haben aber keine Ahnung, was es ist.»

«Frauen denken stets, alles sei so, wie sie es wünschen, und nie, wie es in Wirklichkeit ist. Gott segne sie dafür», sagte er inbrünstig, «auf diese Weise ist schon mancher Sünder zum Heiligen geworden.»

17

Die Tatsache, daß Grand Fenwick seine amerikanischen Aktien und Wertpapiere veräußerte und in Bargeld umwandelte, war eines der bestgehüteten Geheimnisse in Wallstreet. Der Verkauf wurde von Mountjoy durchgeführt, der Finanzminister der mittlerweile gebildeten Koalitionsregierung geworden war.

Die Finanzwelt wußte nur, daß Grand Fenwick in Amerika riesige Vermögensanlagen besaß und die Herzogin eine wahre Hexenmeisterin war. Auch Ted Holleck glaubte daran und war höchst erstaunt, daß Gloriana alle seine Schritte an der Börse vorausahnte und ihn dann immer um eine Nasenlänge schlug. Er zog einen Flug nach Grand Fenwick in Erwägung, um ihr eine Partnerschaft vorzuschlagen. Dann sah er wieder von diesem Plan ab, denn er fürchtete, überrundet zu werden. Er war nicht der Mann, der so etwas ertragen könnte. So vermied er es, je mit ihr zusammenzutreffen, und einer wußte vom andern genauso wenig wie bisher.

Mountjoy reiste persönlich in die Vereinigten Staaten, um die Auflösung der Beteiligungen einzuleiten. Er wollte keine Aufmerksamkeit auf sich lenken und mietete eine bescheidene Zimmersuite im Greystoke-Hotel in der Fifth Avenue. Als Begleiter hatte der Graf nur Will Creman mitgebracht, der vom früheren Feldzug gegen die Amerikaner New York schon ein wenig kannte. Mountjoy hatte eine sentimentale Ader und erinnerte sich, daß Will damals ein Mädchen namens Rosie kennengelernt und es seither nie vergessen hatte. Will war hocherfreut, zeigte Mountjoy sogleich das Empire State Building und erzählte von seinem seinerzeitigen Plan, das Gebäude als persönliche Kriegsbeute zu konfiszieren, um dafür ein Lösegeld zu erhalten.

«Ich glaube, die hätten ein schönes Stück Geld springen lassen, um es wiederzuerhalten. Aber wie Exzellenz immer sagen, Geld hat keinen realen Wert.»

«Es ist nicht ganz so», berichtigte Mountjoy. «Geld ist viel wert, wenn wenig davon vorhanden ist, und es verliert seinen Wert, wenn viel davon in Umlauf ist.»

«Die tragen ganz schön kurze Kleider hier», bemerkte Will beifällig, denn er betrachtete noch alles mit den Augen eines Soldaten. «Langbeinige amerikanische Schönheiten! Wünsch ihnen alles Gute! sag ich.»

Sie richteten sich im Greystoke ein. Mountjoy, der die Verzögerungstaktik noch immer als höchste Kunst der Diplomatie betrachtete, unternahm erst einen Einkaufsbummel in der Fifth Avenue, bestellte Karten für einen Ballettabend und ließ Plätze im neuen Haus des Philharmonischen Orchesters reservieren.

Er verbrachte einen Nachmittag damit, in einer Kutsche im Central Park umherzufahren, und er konnte es sich nicht versagen, die Börse zu besuchen. Von der Zuschauertribüne hinab betrachtete er belustigt die aufgeregte Menge und stellte sich das panikartige Durcheinander vor, das entstehen würde, wenn er sich und sein Vorhaben zu erkennen gäbe.

Nachdem er die Börse verlassen hatte, trat er rein zufällig in Hansens Bar. Hans stand wie üblich hinter der Theke. Er musterte Mountjoy und sah sogleich, daß es ein bedeutender Mann und – am enggerollten Regenschirm und der locker gebundenen Krawatte abzuschätzen –

noch dazu ein Europäer war. Er servierte ihm Pilsner Lagerbier, aber die beiden Figuren der Finanzwelt erkannten sich nicht, und so blieben Mountjoys Absichten, die sicherlich Bestürzung hervorgerufen hätten, streng geheim.

Endlich bat er Herrn Balche zu einem Gespräch ins Greystoke. Ohne Umschweife unterbreitete er dem erstaunten Finanzagenten seine Pläne zur Liquidation der amerikanischen Vermögenswerte.

«Und alles muß unter vollkommener Verschwiegenheit geschehen», verlangte Mountjoy. «Es wird zwischen uns keine schriftlichen Abmachungen geben. Ihr Auftrag besteht darin, alles zu Bargeld zu machen. Nur eine einzige Bedingung ist daran geknüpft: es darf kein Wort darüber an die Öffentlichkeit gelangen.»

«Und der Preis?» fragte Balche. «Sie haben bestimmt eine untere Grenze vorgesehen.»

«Der Preis spielt keine Rolle», erwiderte Mountjoy, «aber der Ertrag muß in amerikanischem Notengeld nach Grand Fenwick geschickt werden.»

«Sie meinen Banknoten? Keine Banküberweisung?»

«Ja, unbedingt. Wie Sie diesen Teil des Auftrages ausführen, ist ganz Ihre Sache, aber das Geld muß in Papiernoten in Grand Fenwick ankommen. Keine Obligationen, keine Gutschriften, nur Papiergeld!»

«Großer Gott, so etwas ist noch nie dagewesen», sagte Balche. «Wir benötigen eine ganze Flotte gepanzerter Fahrzeuge, um das Geld zum Flugplatz zu bringen. Ich bezweifle nämlich, daß in Europa – abgesehen von den Lohngeldern der Armee – mehr als eine Milliarde Dollar in Noten aufzutreiben ist. Wie senden wir das Geld nur nach Grand Fenwick? Wir können doch keine Pakete mit Tausendernoten per Post schicken!»

«Haben Sie zufällig Geschichte studiert, Mr. Balche?»
«Nur am Rande», erwiderte Balche verblüfft. «Was meinen Sie damit?»
«Die Versendung von Wertgegenständen mit ganz gewöhnlicher Post ist durchaus keine neue Entdeckung», erklärte Mountjoy. «Als Transvaal sich entschloß, den Cullinan-Diamanten der britischen Königsfamilie zu schenken, wurde Scotland Yard um Rat gefragt, denn der Diamant war so groß wie eine Männerfaust, und man befürchtete, daß Juwelendiebe sofort am Werk sein würden. Es wurde empfohlen, zwei gleich große Pakete vom Postamt in Johannesburg abzusenden. Eines mußte sorgfältig verpackt und hoch versichert per Luftpost, das andere nachlässig verschnürt zum billigsten Tarif versandt werden. Das hochversicherte Paket verschwand innerhalb einer Stunde nach Aufgabe. Das zweite, das den Diamanten in einer Tabakdose enthielt, erreichte England unversehrt. Sie sehen also, mein Freund, daß Sie das Geld nicht in einem Militärflugzeug oder per Diplomatenpost schicken dürfen, sondern in einfachen braunen Paketen, die mit einer Schnur zusammengehalten sind und aussehen, als enthielten sie alte Zeitschriften. Ich garantiere Ihnen, alle werden intakt eintreffen.»

«Sind Sie wirklich bereit, ein solches Risiko einzugehen?»

«Ich versichere Ihnen, es würde Ihnen kein Härchen gekrümmt, wenn etwas verlorenginge», sagte Mountjoy beim Abschied.

An diesem Abend, nach beendeter Mission, wollte Mountjoy nicht bei «Sardi's» oder «Twenty-One» oder in sonst einem mondänen Lokal essen; er wollte typisch amerikanische Speisen kennenlernen. Als er Will dies mitteilte, meinte er: «Wir sollten zum Times Square gehen, Exzellenz. Da ist eine große Snackbar, die heißt ‹Nedick's›. Dort gibt es die besten Hotdogs. Sie wissen schon, richtig gute heiße Würstchen mit vier verschiedenen Sorten Senf. Seit fünfzehn Jahren denke ich stets wieder daran zurück.»

«Sie waren schon mal dort?»

«Ja, Exzellenz. Dort habe ich Rosie getroffen. Sie glaubte, ich komme vom Mars mit meinem Kettenpanzerhemd. Aber ich beruhigte sie, und sie machte mir Kaffee und einen solchen Hotdog.»

«Ich glaube kaum, daß sie noch dort sein wird», sagte Mountjoy.

«Ich möchte wenigstens nachsehen, wenn ich schon hier bin», sagte Will und errötete bis zu den Haarwurzeln.

Sie wurden enttäuscht, als sie zu «Nedick's» Snackbar am Times Square kamen. Ein junger Mann mit pickeligem Gesicht servierte ihnen die Würstchen. Er war sehr beschäftigt und kurzangebunden; als Will fragte, was wohl aus Rosie geworden sei, antwortete er unwirsch, er kenne keine Rosie und arbeite doch schon fünf Jahre hier. Und das betrübte selbst Mountjoy ein wenig.

Sie blieben ein Weilchen sitzen, aber dann bemerkten sie Kunden, die auf ihre Stühle warteten. Sie standen auf, um wegzugehen, da gewahrte Will hinter seinem Stuhl eine rundliche, gutaussehende Frau mittleren Alters, die in einem Modeheft blätterte und die Hand eines kleinen Jungen hielt. Beim Aufstehen hatte Mountjoy die Dame versehentlich etwas angestoßen, und er entschuldigte sich höflich. Die Art, wie sie ihnen den Kopf zuwandte, ließ Wills Herz höher schlagen. «Rosie!» rief er entzückt aus.

Sie starrte ihn an und sagte: «Der Marsmensch – ich kann's nicht glauben! Ich bin seit damals immer wieder hergekommen...»

Sie schauten sich an, und Will warf dem Kind einen Blick zu.

Rosie errötete. «Gehört meiner Schwester», sagte sie schnell und setzte hinzu: «Ich bin nicht verheiratet.»

«Will», sagte Mountjoy, «ich mache noch einen kleinen Rundgang. Das heiße Würstchen braucht eine Weile, bis es verdaut ist. Wir sehen uns im Hotel.»

«Ja, Exzellenz», sagte Will. «Werden wir bald gehen? Ich meine, zurück nach Grand Fenwick.»

«Ich schon», antwortete der Graf. «Aber wir werden es arrangieren, daß Sie noch ein paar Tage länger bleiben, wenn Sie hier noch etwas – hm – Persönliches zu erledigen haben. Guten Abend, mein Fräulein.» Er zog den Hut vor Rosie und war bald darauf in der Menge verschwunden.

«Wer ist das?» fragte Rosie. «Er ähnelt ein wenig dem Burschen, der weiter unten Backhähnchen verkauft.»

«Er ist der Graf von Mountjoy, der klügste Mensch auf der Welt», erklärte Will fröhlich.

Einen Tag später kehrte Mountjoy nach Grand Fenwick zurück, sein Auftrag war ausgeführt.

Balche begann sofort damit, an allen Börsen des Landes Grand Fenwicks Aktien anzubieten. Es war ihm freigestellt, in welcher Form er dies tat, solange das Geheimnis gewahrt blieb. Die Papiere fanden einen kaufbereiten Markt, doch bestand andererseits die Gefahr eines Preissturzes, weil eine so große Anzahl von Aktien in den Handel kam. Ted Holleck und sein Syndikat arbeiteten dem Kursverlust entgegen, indem sie eiligst große Posten kauften. Innerhalb von drei Wochen gelang es Balche, alles zu liquidieren, und kurz danach stand er vor der weit komplizierteren Aufgabe, das in den Bereich einer Milliarde Dollar gehende Bankguthaben des Herzogtums in Notengeld umzuwandeln.

Er stand nun vor einem fast unlösbaren Problem, das Mountjoy schlicht übersehen hatte. Der Graf hatte leichthin gewünscht, die Noten in gewöhnlichen Paketen zu erhalten. Keine Bank im Lande hatte einen solchen Notenvorrat zur Verfügung. Am einfachsten wäre es gewesen, sich direkt an das staatliche Schatzamt zu wenden. Doch dieses hätte unverzüglich Nachforschungen angestellt, und das Geheimnis wäre an den Tag gekommen.

Balche hatte den Betrag auf tausend Banken verteilt hinterlegt, und es war ihm schon schwergefallen, die tausend Banken zu finden.

Er konnte natürlich in jede dieser Banken gehen und sich den Betrag einer Million in Noten auszahlen lassen, aber Gerüchte ließen sich auch dadurch nicht vermeiden. Weiter hatte er eine Möglichkeit, jede Million aufzuteilen und je tausend Dollar auf einer Million Banken im ganzen Land herum anzulegen.

Aber Balche war nicht sicher, ob es in den Vereinigten Staaten von Nordamerika überhaupt eine Million Banken oder Bankfilialen gab. Außerdem schien sich das Problem, auf diese Weise gelöst, nur zu komplizieren. Selbst wenn er zehn Banken am Tag besuchte und in jeder einen Scheck über tausend Dollar einlöste, würde er etwa dreihundert Jahre brauchen – bei Berücksichtigung von Wochenenden und Feiertagen –, bis er das ganze Geld einkassiert hatte. Er war keineswegs bereit, dreihundert Jahre damit zu verbringen, von Alaska bis Louisiana zu reisen und an Bankschaltern die Tausend-Dollar-Schecks vorzulegen.

Bei der jetzigen Aufteilung, je eine Million Dollar in tausend Banken, würde es ihn ungefähr fünf Monate harter Arbeit kosten, bis er alles Notengeld beisammen hatte und es nach Grand Fenwick schicken konnte. Kein Bankier würde ihm eine Million innerhalb fünf Minuten auszahlen. Sicher dauerte es jeweils einen bis anderthalb Tage, bevor sie zur Auszahlung kam, wobei der jeweilige Geschäftsführer erst noch darauf bestehen würde, das Geld in einem gesicherten Wagen an seinen Bestimmungsort bringen zu lassen.

Was sollte er nur tun? Er beschloß, jeder Bank einzeln zu schreiben und von der bevorstehenden Abhebung des Geldes in Kenntnis zu setzen. Er wünschte, daß der Betrag in bar zu seiner Verfügung stand, wenn er den Scheck und seine Ausweispapiere präsentierte. Nebenbei dachte er nach, ob es Tausend-Dollar-Noten überhaupt gab. Jedenfalls mußte er um die größtmöglichen Werte bitten.

Bald merkte er zu seiner Erleichterung, daß sein Plan recht gut funktionierte. Er schickte Einschreibebriefe mit dem Vermerk «Streng vertraulich» an die Banken. Auch im Inhalt der Briefe betonte er nochmals die Wichtigkeit der Geheimhaltung. Das lag ohnedies im Interesse der Banken, denn kein Direktor sah es gern, wenn die Nachricht vom Rückzug einer Million an die Öffentlichkeit drang.

Nach und nach begannen größere Mengen Bargeld einzugehen. Um überflüssiges Hin- und Herreisen zu vermeiden, sammelte Balche das Geld in Koffern, die er, wenn sie gefüllt waren, per Luftexpreß nach New Jersey an sein Büro sandte. Das Personal überwachte den Empfang.

Mountjoys Rat befolgend, versicherte er die Koffer nur so hoch, wie es die Luftfrachtgesellschaft vorschrieb; manche der Koffer enthielten bis zu fünf Millionen Dollar in Banknoten. Nachdem er auf diese Weise ungefähr hundert Millionen eingesammelt hatte, kehrte er in sein Büro zurück. Er fand seine Räume mit Koffern übersät und hatte Mühe, denjenigen zu finden, in welchem seine eigenen Kleider steckten, und den er versehentlich mitgeschickt hatte.

Nachdem seine Angestellten an diesem Abend das Büro verlassen hatten, begann er die Noten in braunes Packpapier einzuwickeln, verschnürte alles gut mit Bindfaden und trug die Pakete am nächsten Tag zur Post, wo er den niederschmetternden Bescheid erhielt, daß sie nicht das richtige Format hatten (laut Postvorschrift der Vereinigten Staaten bezüglich Versand von Paketen, Absatz IV-VI, Abteilung I, Paragraph 4: Überseepost außer Luftfracht, zutreffend für alle Länder außer den Staaten, die an den Persischen Golf grenzen – siehe Abteilung Naher Osten, Seiten 1196-1198).

Er packte alles wieder aus und gab den neuen Paketen mit Hilfe eines Maßstabs die vorgeschriebene Größe. Nachdem er den Postbeamten davon überzeugt hatte, daß Grand Fenwick nicht am Persischen Golf lag, gelang es ihm, die Pakete per Seepost auf den Weg zu bringen; unter Wertangabe schrieb er schlicht eine Null. Den Inhalt deklarierte er als Drucksache, was ja der Wahrheit entsprach.

«Alte Zeitschriften, was?» fragte der Beamte. «Es wäre billiger, wenn Sie sie einfach gebündelt und auf den Seiten offen gelassen hätten.»

Nachdem er einen Blick auf die Adresse geworfen hatte, meinte er: «Graf Mountjoy? Muß wohl ein gieriger Leser sein, was?»

«Er liest gern Comicserien, vor allem Batman.»

Alles ließ sich gut an, niemand erfuhr von dem Geheimnis, und Wallstreet blieb vor einer Katastrophe bewahrt, aber man hatte nicht mit Salat, dem französischen Busfahrer, gerechnet. Er war wütend. Es war ihm zu Ohren gekommen, daß die Delegierten Afghanistans bei Verhandlungen in Paris darauf bestanden, lebende Ziegen und

Schafe zu erhalten, die sie nach ihrer eigenen Art schlachten und kochen wollten.

«Cochons», schrie Salat erbost, «die französische Küche ist ihnen wohl nicht fein genug!»

Schon genügend verärgert über diese offensichtliche Beleidigung der französischen Küche durch diese Barbaren, bedurfte es nur noch einer Kleinigkeit, um die Wut vollends zu entflammen. Es reichte, daß er seinen Bus zur Hälfte mit schlecht verschnürten Paketen füllen mußte, die an ein fremdes Land adressiert waren, dem er als Franzose dienen mußte. Während der Fahrt zu Grand Fenwicks Grenze setzte er seine Passagiere ausführlich darüber in Kenntnis, was er von der Unzulänglichkeit der Ausländer hielt. Vor dem Grenzposten des Herzogtums begann er auszuladen und dabei die Pakete achtlos auf die Straße zu werfen.

«Für euch», giftete er den Grenzwächter an. «Meldet, daß man nichts mehr schickt. Ich will meinen Bus nicht mit solchem Plunder füllen.»

Auf ihrer langen Reise hatten die Pakete sehr gelitten, und die rohe Behandlung durch Salat gab ihnen den Rest. Zwei Pakete öffneten sich, und ein Sturzbach von Dollarnoten ergoß sich auf die Straße.

Alle Anwesenden betrachteten die Noten in erstaunter Stille, die endlich durch Salat gebrochen wurde. «Geld!» schrie er und seine Augen quollen hervor. Und im nächsten Moment stürzten sich alle auf die Scheine, um möglichst viele davon zu ergattern. Einige durfte jeder behalten, aber alle andern Noten konfiszierte der Grenzposten und legte sie zu den zerplatzten Paketen. Salat raste davon und verbreitete die Nachricht von den Dollarpaketen, die Grand Fenwick aus Amerika erhielt.

So wurde das Geheimnis offenbar.

18

Der Schock an den Börsen war ungeheuer. In Marseille erschien in der Abendzeitung schon der erste Bericht, und eine Stunde später fielen die Aktienkurse in Wallstreet um drei Punkte. Von da an glitten die Kurse unaufhaltsam weiter nach unten. Schon vor der Bekanntmachung der Grand Fenwick-Affäre hatten viele behauptet, der Markt liege zu hoch und ein Abwärtstrend sei unvermeidbar. Daß aber ausgerechnet die Herzogin Gloriana, das Finanzgenie, alles verkauft hatte, verbreitete einen Schrecken, der einer Hysterie gleichkam.

Jedermann verkaufte so rasch wie möglich, wodurch die Preise noch schneller fielen und die Panik sich noch steigerte. Wären nun wenigstens Großkäufer zur Hand gewesen, um Sicherungskäufe vorzunehmen, hätte eine gewisse Stabilität wiederhergestellt werden können. Aber diese Käufer, wie Ted Holleck und die verschiedenen Investment Fonds, hatten vorher aufgestockt und waren, als Grand Fenwick zu verkaufen begann, bereits zurückhaltend.

Holleck verkaufte nicht, aber die kleineren Anlagefonds versuchten noch so viel wie möglich abzusetzen. Selbst die Beteuerungen bekannter Finanzexperten und angesehener Mitglieder der Regierung in der Presse und im Fernsehen nützten nichts mehr. Da entschloß man sich, die Börse für eine Woche zu schließen. Aufatmend folgten die kleineren Börsen im ganzen Land diesem Beispiel.

Doch während dieser Woche tauchte ein neues Gerücht

auf. Es behauptete, Grand Fenwick wolle seine Barschaft zu Gold machen. Fünfunddreißig Dollar die Unze. Der Erlös aus den amerikanischen Papieren würde dem Herzogtum rund tausend Tonnen Gold einbringen – oder wenigstens einige hundert.

Die tausend Tonnen pures Gold, so behauptete man, würden in Fort Knox für den Versand bereitgestellt. Jeden Armeelastwagen, der ganz harmlos in der Nähe der berühmten Festung in Kentucky herumfuhr, bezeichnete man als Bestandteil des Konvois, der das Gold zum Verschiffungshafen bringen sollte. Und – so ging die Geschichte von Mund zu Mund – das Gold würde auf einem Frachter, dessen Besatzung bewaffnete Männer des Sicherheitsdienstes streng überwachten, nach Europa gebracht.

Warum verlangte Grand Fenwick Gold an Stelle von Banknoten? Die Antwort auf diese Frage war einfach. Weil die Herzogin in ihrer unübertrefflichen Kenntnis der Finanzlage wußte, daß die Vereinigten Staaten planten, den Goldpreis abzuwerten, um damit die fallende Währung zu retten. Gerüchte über solche Veränderungen des Goldpreises waren seit Monaten in Umlauf, besonders seit die Vereinigten Staaten ihre Papierwährung im Inland von jeder Golddeckung befreit hatten.

Die Aussicht, daß nun auch der Überseehandel von einer solchen Maßnahme betroffen werden könnte, hatte schon seit langem die internationalen Finanzkreise beunruhigt. Grand Fenwick hatte zwar keineswegs die Absicht gehegt, Gold statt Noten zu verlangen, aber da das Gerücht nun einmal entstanden war, folgten andere Länder dem vermeintlichen Beispiel des Herzogtums. Diese Forderungen waren harte Realität.

Frankreich begann seine Kredite zu liquidieren, Westdeutschland tat das gleiche. England hielt noch eine Weile durch, wurde aber durch die finanzielle Situation im eigenen Land bald zur nämlichen Handlungsweise gezwungen. Das Verlangen nach amerikanischem Gold wurde immer drängender. Jemand behauptete fest, daß weder Fort Knox noch die kleineren Golddepots der USA diese Nachfrage befriedigen konnten.

In dem ganzen Durcheinander waren sämtliche Dementis nutzlos. Durch die Massenmedien wurden Millionen von Empfängern gleichzeitig informiert. Was halfen da noch staatliche Erklärungen – man glaubte ihnen nicht mehr. Was kann man von einer Regierung anderes erwarten? fragten sich die Leute. Welche Regierung würde nicht lieber schweigen, wenn sie gezwungen wäre, tausend Tonnen Gold außer Landes zu geben?

Wer würde es gerne zugeben, in Finanzfragen versagt zu haben – und dies kurz vor den Wahlen? Hier handelte es sich nicht um irgendein Gold, sondern um amerikanisches Gold!

Die Amerikaner waren stolz auf ihre Goldschätze in Fort Knox. Es gab ihnen jene angenehme Beruhigung, die Mountjoy für Grand Fenwick erhoffte, sobald die Dollarnoten in den Schloßverliesen eingelagert wären. Die große Masse hatte das Gold weder gesehen noch je berühren können, aber es war da und bedeutete soviel wie Sicherheit. Die Erkenntnis, daß nun nur die leeren Goldkisten in Fort Knox bleiben sollten, war tief erschütternd.

Es war, als hätten die Vorfahren umsonst gearbeitet und gespart. Viele dachten, daß in einer Welt, in der der Glaube an Gott zu wanken begann, doch wenigstens das Vertrauen in den Dollar Bestand haben müsse. Und jetzt war der Dollar nichts als ein kleiner Fetzen Papier.

Das Kabinett der Vereinigten Staaten war selten zu

einer Sitzung einberufen worden, um sich über das Wesen des Geldes zu unterhalten. Konferenzen dieser Art wurden normalerweise der Finanzabteilung und den dafür zuständigen Kommissionen überlassen. Jetzt aber wurde eine Regierungskonferenz anberaumt, um die schlimme Krise zu besprechen.

Eben Roberts, Staatssekretär im Schatzamt und Sohn eines Bergarbeiters aus Pennsylvanien, hielt einen ausgezeichneten Vortrag über die mystische Bedeutung des Geldes und kam dabei sehr nahe an die Gedanken heran, die Graf Mountjoy seinerzeit im Staatsrat des Herzogtums geäußert hatte. «Was wir zu tun haben, ist in erster Linie, das verlorene Vertrauen in unsere Währung wiederherzustellen!» sagte Roberts.

«Wäre es nicht am einfachsten, allen Forderungen nach Gold Gehör zu schenken?» fragte der Sekretär des Innenministeriums. «Bestimmt wird sich der Wirbel nach einiger Zeit legen und der Goldpreis wieder unter den von uns festgesetzten Preis von fünfunddreißig Dollar pro Unze sinken. Dann fließt das Gold von selbst wieder zu uns zurück.»

«Bevor dieser Zeitpunkt eintritt, könnte uns das Gold bereits ausgegangen sein», erwiderte Roberts. «Die Regierung hat schon seit langem eingesehen, daß Vertrauen und nicht Gold unsere Währung stützt. Unsere Goldreserven sind durch Nachfrage vermindert worden, und der Umstand, daß wir uns geweigert haben, mehr als fünfunddreißig Dollar für eine Unze zu bezahlen, hat verhindert, größere Goldvorräte anzulegen.»

«Gut, aber warum bauen wir nicht das Gold in den Minen der Vereinigten Staaten ab? Wir können doch die geschlossenen Betriebe wieder öffnen», sagte sein Gesprächspartner.

Roberts lächelte. «Es kostet ungefähr vierzig Dollar, eine Unze eigenen Goldes zu gewinnen», sagte er. «Wir würden pro Unze fünf Dollar verlieren. Ein großer Betrag, wenn man von Hunderten von Tonnen spricht!»

«Warum können wir den Goldpreis nicht erhöhen?» fragte der Sekretär des Handelsministeriums.

«Weil wir unsere Notenwährung nicht abwerten wollen», entgegnete Roberts. «Im Augenblick kann man theoretisch für fünfunddreißig Dollar eine Unze Gold kaufen. Erhöhen wir diesen Preis auf vierzig, dann ist unser Papiergeld weniger wert, und wir würden damit effektiv unsere ausländischen Kunden übers Ohr hauen. Darüber hinaus müßten unsere Auslandshilfen erhöht werden, denn durch die Maßnahme würden auch sie entwertet.»

Die Mitglieder des Kabinetts seufzten. Sie fühlten sich eingeengt. Es ging etwas Seltsames vor, etwas Unfaßliches, das außerhalb ihrer Kompetenzen lag.

«Was haben wir Grand Fenwick getan, daß es uns in diese mißliche Lage bringt?» fragte jemand.

«Ich sehe», sprach Roberts, «das Kabinett erliegt demselben Mißverständnis wie die Öffentlichkeit. Grand Fenwick hatte keineswegs die Absicht, die USA in eine finanzielle Krise zu stürzen. Ich habe direkte Verbindung mit der Herzogin und dem Finanzminister des Landes aufgenommen. Tatsache ist, so erstaunlich das auch klingen mag, daß Grand Fenwick nicht unsere Wirtschaft zerstören wollte, sondern lediglich versuchte, ungesunden Reichtum im eigenen Land zu vermeiden.»

Die Klärung der Zusammenhänge benötigte zwei volle Stunden und versetzte das Kabinett in schweigende Bewunderung.

Der Sekretär des Handelsministeriums brach die Stille mit seiner etwas zittrigen Stimme: «Hören Sie, wir müssen das kleine Land erhalten helfen. Es könnte die einzige gesunde und vernünftige Nation dieser Erde sein!»

«Und was schlagen Sie vor?» fragte der Präsident, der die Geschichte zum erstenmal gehört hatte. «Was sollen wir tun?»

«Durch unsere Gesandtschaft in Frankreich – in Grand Fenwick haben wir selbstverständlich keine – haben wir die Angelegenheit sowohl mit der Herzogin als auch mit dem Grafen Mountjoy besprochen», antwortete der Sekretär. «Die Lösung des Problems, welche uns dabei angeboten wurde, gefällt mir, obwohl ich sie nicht ganz verstehe. Ich empfehle sie zur Annahme, denn ich kann nichts Besseres vorschlagen. Grand Fenwick bittet uns, den gegenseitigen Friedensvertrag abzuändern und das Herzogtum der Pflicht zu entheben, hier in den Staaten eine Kaugummifabrik zu betreiben. Es wolle keine weiteren Einkünfte.»

Der Präsident schluckte schwer. «Fahren Sie fort», sagte er in die entstandene Stille hinein.

«Grand Fenwick wünscht den Rest seines Dollarguthabens zugeschickt zu bekommen und verpflichtet sich bei seiner nationalen Ehre, keinen Versuch zu unternehmen, die Banknoten in Gold umzutauschen. Als Gegenleistung wird die Herzogin eine internationale Pressekonferenz einberufen. Sie wird der Überzeugung Ausdruck geben, daß ihr Vertrauen in die Finanzkraft der USA, in die Regierung unseres Landes, in die Zukunft der amerikanischen Industrie und in das kapitalistische System unerschütterlich ist. Sie wird erklären, weshalb sie sich von der Börse zurückgezogen hatte. Sie sei der Meinung, daß es einer Nation nicht wohl anstehe, solche Mengen Aktien in einem anderen Land zu besitzen, da der Staat nicht gegen Privatpersonen konkurrieren sollte. Weiter wird sie sagen, daß ihr Land größeres Vertrauen in amerikanische Banknoten setze als ins Gold, das letztlich nur einen romantischen Wert habe und nicht einmal ein wirklich seltenes Metall sei. Als Beweis für diese Behauptung wird sie der versammelten Presse die Bündel amerikanischer Banknoten zeigen, die sich in den Verliesen ihres Schlosses befinden.»

Während einer langen Pause dachte jeder über das Gesagte nach.

«Für mich», sagte der Präsident schließlich, «klingt das alles völlig närrisch. Aber da es von der Herzogin von Grand Fenwick kommt, glaube ich, daß es seine Wirkung nicht verfehlen wird. Verlieren können wir dabei nichts. Sie soll den Rest ihres Geldes bekommen, wir werden den Friedensvertrag wie gewünscht ändern und abwarten, was geschieht.»

19

Die Pressekonferenz in Grand Fenwick, die ganz der Wiederherstellung des Vertrauens in die Finanzlage und in die Wirtschaft der Vereinigten Staaten gewidmet war, wurde zum großen Erfolg. Vertreter sämtlicher Kommunikationsmittel – Zeitung, Radio, Fernsehen – waren anwesend. Die Konferenz fand im Verlies des Schlosses statt, wo Gloriana in ihrem schimmernden Goldlamékleid (eine Idee des Grafen, die Bentner nicht gefiel) mitten in ihren Notenhaufen thronte. Der Anblick des Geldes, das den Wänden entlang in mehreren Schichten gestapelt war, überwältigte selbst die Zeitungsleute und die wenigen auserlesenen Vertreter der Finanzwelt, zu denen auch Eben Roberts, der Sekretär des US-Finanzamtes, gehörte. Er war es, der Gloriana vor der Kamera ein Bündel Noten in die Hand drückte, damit sie sie auffächern konnte, um zu dokumentieren, wie sehr sie der größten Industriemacht der Welt und deren Währung vertraute.

«Das Herzogtum benötigt kein Gold – Dollarnoten sind geradeso wertvoll. Was andere auch sagen mögen, wir in Grand Fenwick glauben an das große amerikanische Volk», schloß Gloriana ihren Kommentar.

Der letzte Satz rief Applaus bei den Anwesenden hervor. Nach einigen kurzen Worten Mountjoys und jenen Bentners, der betonte (was jedermann schon wußte), daß der Reichtum des Landes in der Güte der eigenen Produkte liege und daß die neue Traubenernte so gut wie jedes Jahr zu sein verspreche, beendete man die Konferenz.

Mountjoy verließ als letzter das Verlies. Ehe er, als Finanzminister, die schwere eisenbeschlagene Tür zustieß, wandte er sich an Roberts, der mit ihm zurückgeblieben war. «Haben Sie zufällig ein Streichholz?» fragte Mountjoy.

«Aber sicher», sagte Roberts und hielt ihm eine Schachtel hin.

Der Graf zündete die Schachtel an und warf sie zwischen die angehäuften Dollarnoten.

«Damit machen wir Ihnen ein Geschenk von einer Milliarde Dollar. Ich hoffe, Sie werden daran denken.»

«Eine derartige Geste», sagte der Amerikaner andächtig, «wird niemals vergessen werden.»

Sie drückten einander die Hand und stiegen gemeinsam die Treppen hoch; ihnen folgten einige dünne Rauchschwaden, die aus der Tür des Verlieses drangen.

So waren schließlich alle Probleme gelöst. Die Wirtschaft des Herzogtums Grand Fenwick war gerettet und gleichzeitig, fast als zufällige Nebenerscheinung, auch diejenige der Vereinigten Staaten von Nordamerika. Die Welt kehrte wieder zu ihren Krisenherden und Alltäglichkeiten zurück; eine Friedenskonferenz hier, eine Kriegsdrohung dort – an einem Ort eine Atomexplosion und am andern eine ins Weltall abgeschossene Rakete. Es gab nichts mehr, das Gloriana störte, und der Graf hatte keine Beschäftigung mehr für seinen regen Geist. Zum Zeitvertreib hatte er sich die Aufgabe gestellt, täglich das Kreuzworträtsel in der *Times* ohne Hilfe des Lexikons zu lösen.

Einen Monat später, als alles sich beruhigt hatte, erinnerte Mountjoy sich daran, daß Kokintz vor Monaten eine merkwürdige Laborausrüstung bekommen hatte. Er beschloß, den Physiker zu besuchen, um zu sehen, wie die Dinge standen.

Kokintz gab ihm eine sehr verwirrende Erklärung für den Gebrauch seiner Geräte; seine Versuche begannen, soweit der Graf verstand, bei Kanarienvögeln und endeten mit der Verkettung von Schall und Licht.

«Sie haben natürlich von der Licht- und Schallgeschwindigkeit gehört», sagte Kokintz. «Nach unseren Messungsmethoden ist die Lichtgeschwindigkeit absolut, während die Geschwindigkeit des Schalls je nach der Materie variiert, die ihn leitet. Nun habe ich entdeckt, daß man die Schallgeschwindigkeit erhöhen und tatsächlich einen Schall entwickeln kann, der – um es laienhaft auszudrücken – schneller als der Schall selbst ist. Ich habe festgestellt, daß die Geschwindigkeit des Schalls nahezu bis zur Lichtgeschwindigkeit erhöht werden kann. Dadurch kann man Schall in Licht und somit eine Energie in eine andere verwandeln.»

«Aha», sagte Mountjoy, der schon bedauerte, daß er diesen Besuch gemacht hatte. «Ich hoffe bloß, daß dies keine nachteiligen Wirkungen auf die unsterblichen Werke Mozarts haben wird.»

«Aber gewiß nicht», erwiderte Kokintz. «Wer will schon Mozart etwas zuleide tun? Aber es ergeben sich interessante Möglichkeiten dabei.»

«Welche zum Beispiel?»

«Schauen Sie das an», sagte Kokintz und deutete hinter den Grafen. Mountjoy drehte sich um und sah den Stein aus der Schloßmauer, den Kokintz als Pflanzenpresse benutzt hatte. Der Stein wies jetzt eine stumpfe gelbe Farbe auf.

«Haben Sie ihn bemalt?» erkundigte sich Mountjoy.

«Nein», sagte Kokintz, «es ist pures Gold außer dem kleinen Kern in der Mitte, den die Vibration...»

Mountjoy wartete das Ende des Satzes nicht ab. Er

faßte nach dem Stein und ließ ihn, weil er so schwer war, beinahe fallen.

«Pures Gold?» schrie er. «Sie wollen sagen, daß Sie den Stein in Gold verwandelt haben?»

«Ja», sagte Kokintz. «Es handelt sich um die Umwandlung der Materie durch die Veränderung der Anzahl Bausteine in einem einzelnen Atom...»

«Können Sie das mit jeder Materie machen?» fragte Mountjoy und schnitt dem Gelehrten das Wort ab.

«Bisher nur mit Granit», sagte Kokintz bescheiden. «Wenn ich einen Apparat hätte, der groß genug wäre, könnte ich das ganze Schloß in Gold verwandeln. Aber wozu? Wer will schon ein Schloß aus purem Gold?»

Mountjoy wurde es schwarz vor Augen. Ohne sich um Einzelheiten zu kümmern, erkannte er sofort, daß Kokintz mit seiner Entdeckung ein Mittel gefunden hatte, womit das gesamte internationale Wirtschaftssystem aus den Angeln gehoben werden konnte. Gold, das in Massen produziert und nur noch einige Cents pro Tonne wert war, konnte eine Nation nach der anderen ruinieren. «Doktor», hob er an, «über Ihre Entdeckung darf kein Wort aus diesem Zimmer dringen. Während Sie hier beschäftigt waren, haben wir gerade das Herzogtum und die Vereinigten Staaten vor dem finanziellen Chaos gerettet. Ihre Entdeckung würde alle Anstrengungen zunichte machen. Sie müssen diesen Apparat abbauen und Ihre Experimente in eine andere Richtung lenken.»

Kokintz holte seine dicke Oompaul-Pfeife hervor, füllte sie mit Tabak, zündete sie an und nahm einige Züge. «Ich tue es, wenn Sie mir eines versprechen», sagte er.

«Und das wäre?» fragte Mountjoy.

«Wenn Sie nächstesmal eine Menge Papier im Verlies verbrennen, sagen Sie es mir doch bitte vorher. Meine

Vögel haben sehr unter dem Rauch gelitten. Sie wurden richtig krank.»

«Das verspreche ich Ihnen.»

Kokintz nickte und langte nach einem Topf mit dunkelgrauer Farbe. Er bestrich den goldenen Stein damit gründlich ringsum und entschied: «Sobald er trocken ist, setze ich ihn wieder in die Schloßmauer ein. Als Pflanzenpresse ist er nun doch zu schwer geworden.»